Dr. Jaerock Lee

Tervendaja Jurnal

URIM BOOKS

Ja Ta ütles:
„Kui sa tõesti kuulad Isanda, oma Jumala häält ja teed,
mis õige on Tema silmis, paned tähele Tema käske
ja täidad kõiki Tema korraldusi,
siis ma ei pane su peale ainsatki neist tõbedest,
mis ma panin egiptlaste peale,
sest mina olen Isand, su ravija."
(2. Moosese raamat 15:26)

Tervendaja Jumal Autor: Dr Jaerock Lee
Kirjastaja: Urim Books (Esindaja: Kyungtae Noh)
73, Yeouidaebang-ro 22-gil, Dongjak-gu, Seoul, Korea
www.urimbooks.com

Autoriõigusele allutatud. Seda raamatut või selle osasid ei ole lubatud kirjastaja kirjaliku loata mingil kujul eprodutseerida, otsingusüsteemis säilitada ega edastada mingil kujul ega mingite elektroonsete, mehaaniliste vahenditega sellest fotokoopiaid ega salvestusi teha ega seda mingil muul viisil edastada.

(Piiblitsitaadid: Piibel, Tallinn, 1997 – Eesti Piibliseltsi väljaanne).

Copyright © 2017 Dr. Jaerock Lee
ISBN: 979-11-263-0323-6
Autoriõigus © 2017 – Dr Jaerock Lee
Tõlke autoriõigus © 2013 – Dr Esther K. Chung. Kasutatud autori loal.

Eelnevalt välja antud korea keeles: Urim Books, 1990

Esmaväljaanne Juunis 2017

Toimetaja: Dr Geumsun Vin
Kujundaja: Urim Books toimetusbüroo
Trükkija: Prione Printing
Lisateabeks võtke palun ühendust aadressil: urimbook@hotmail.com

Väljaande sõnum

Materiaalse tsivilisatsiooni ja rikkuse arengu ja kasvu taustal on tänapäeval näha, et inimestel on rohkem aega ja vahendeid säästmiseks. Pealegi, selleks et tervemat ja mugavamat elu elada, investeerivad inimesed oma aega ja rikkust ja panevad teraselt tähele mitmesugust kasulikku teavet. Aga inimese elu, vananemine, haigus ja surm alluvad ikkagi Jumala ülemvõimule, raha võim ega teadmised ei saa neid asju valitseda. Lisaks ei saa salata, et hoolimata sajandite jooksul kogunenud inimteadmiste kaudu loodud väga arenenud arstiteadusest, on ravimatute ja surmavate haigustega patsientide arv pidevalt kasvanud.

Maailma ajaloo jooksul on olnud arvukaid eri uskudest ja eri teadmistega inimesi – kaasa arvatud Buddha ja Konfutsius – aga kõik nad vaikisid, kui nad selle küsimusega silmitsi seisid ja mitte keegi nende seast ei suutnud vältida vananemist, haigust ega surma. See küsimus on seotud patu ja inimkonna pääsemise küsimusega ja inimesel pole kumbagi jaoks lahendust.

Tänapäeval on palju haiglaid ja apteeke, kuhu võib lihtsalt

minna ja mis on pealtnäha valmis, et meie ühiskonda haigustest vaba ja tervena hoida. Sellest hoolimata on meie ihu ja maailm täis erinevaid haigusi, alates tavalisest gripist kuni tuvastamata päritolu ja tüvega haigusteni, mille jaoks ei ole ravi. Inimesed süüdistavad kärmelt kliimat ja keskkonda või on valmis seda tajuma loomuliku ja füsioloogilise nähtusena ja usaldavad ravimeid ja meditsiinitehnoloogiat.

Pöördeliseks tervenemiseks ja terve elu elamiseks peab igaüks meie seast aru saama, missugune on haiguse päritolu ja ja kuidas tervenemist vastu võtta. Evangeeliumil ja tõel on alati kaks külge: nende mitte vastu võtmine toob endaga needuse ja karistuse, aga vastuvõtmise korral ootab inimesi õnnistus ja elu. Jumala tahe on varjata tõde nende eest, kes peavad end variseride ja käsuõpetajate moel targaks ja intelligentseks; samuti on Jumala tahe ilmutada tõde neile, kes on nagu lapsed, kes soovivad tõde ja avavad oma südame (Luuka 10:21).

Jumal lubas selgelt õnnistust neile, kes Talle kuuletuvad ja Ta käskusid peavad, aga Ta pani ka üksikasjalikult kirja needused ja igasugused tõved, mis tabavad neid, kes Tema käskudele ei kuuletu (5. Moosese raamat 28:1-68).

See teos tuletab uskmatutele ja isegi mõnele Jumala Sõna ignoreerivale usklikule, meelde Jumala Sõna ja püüab neid inimesi panna õigele teele, kus nad saavad vabaks haigusest ja tõvest.

Ma palun meie Isanda nimel, et igaüks teie seast võiks terveneda suurematest ja väiksematest haigustest ja tõbedest sel määral, mil te kuulete, loete ja mõistate Jumala Sõna ning toitute sellest ja päästva ja tervendava Jumala väe kaudu ja et teie ja te pere võiksite alati terved olla!

Jaerock Lee

Sisukord

Tervendaja Jumal

Väljaande sõnum

1. peatükk
Haiguse algpõhjus ja tervenemise kiir   1

2. peatükk
Kas Sa tahad terveks saada?   13

3. peatükk
Tervendaja Jumal   31

4. peatükk
Tema vermete läbi on meile tervis tulnud 43

5. peatükk
Vägi kehavigade tervendamiseks 59

6. peatükk
Meetodid deemonitest seestumisest tervenemiseks 71

7. peatükk
Pidalitõbise Naamani usk ja sõnakuulelikkus 87

1. peatükk

Haiguse algpõhjus ja tervenemise kiir

Aga teile,
kes te mu nime kardate,
tõuseb õiguse päike ja paranemine tema tiibade all.
Te lähete siis välja ja lööte kepsu nagu nuumvasikad.

Malaki 4:2

1. Tõve aluspõhjus

Maapealse aja jooksul õnnelikult ja tervelt elada soovimise nimel tarbivad inimesed igasuguseid toiduaineid, mida peetakse tervislikuks – nad pööravad tähelepanu salajastele meetoditele ja püüavad neid kasutada. Aga hoolimata materiaalse tsivilisatsiooni ja arstiteaduse arengust, on tõsi see, et ravimatute ja surmavate haiguste käes olekut ei saa takistada.

Kas inimene ei saa maa peal elamise ajal olla vaba haiguse agooniast?

Enamik inimestest süüdistab kliimat ja keskkonda või on valmis nägema haigust loomuliku või füsioloogilise nähtusena ja nad toetuvad arstimitele ja meditsiinitehnoloogiale. Ent kui igasuguste tõbede ja haiguste allikad määratakse kindlaks, võib igaüks neist vaba olla.

Piiblis tuuakse põhilised viisid, mis aitavad inimest haigusteta elada ja isegi kui inimene on haige, on Piiblis viisid, mis aitavad tervenemist vastu võtta:

> *Ja Ta ütles: „Kui sa tõesti kuulad Isanda, oma Jumala häält ja teed, mis õige on Tema silmis, paned tähele Tema käske ja täidad kõiki Tema korraldusi, siis ma ei pane su peale ainsatki neist tõbedest, mis ma panin egiptlaste peale, sest mina olen Isand, su ravija"* (2. Moosese raamat 15:26).

See on meile isiklikult antud ustav Jumala Sõna, mis valitseb inimelu, surma, needust ja õnnistust.

Mis siis on haigus ja kuidas sellesse nakatutakse? Meditsiinitermin „haigus" tähistab igasuguseid puudeid inimihu eri osades – ebatavalist või normist kõrvale kalduvat tervislikku seisundit – ja see saab enamasti alguse bakteritest ja levib nende kaudu. Teiste sõnadega, haigus on haigust tekitava mürgi või bakterite tekitatud normist kõrvalekalduv kehaline seisund. 2. Moosese raamatus 9:8-9 kirjeldatakse protsessi, mille käigus muhkkatku nuhtlus tabas Egiptust:

> *Siis Isand ütles Moosesele ja Aaronile: „Võtke endile mõlemad pihud täis sulatusahju tahma ja Mooses puistaku seda vaarao silma ees vastu taevast. See muutub siis tolmuks üle kogu Egiptusemaa ning inimestele ja loomadele kogu Egiptusemaal tulevad mädavillideks arenevad paised."*

2. Moosese raamatust 11:4-7 on kirjutatud, kuidas Jumal tegi iisraellaste ja egiptlaste vahel vahet. Jumalat kummardanud iisraellasi ei tabanud nuhtlus, aga Jumalat mitte kummardanud ega Tema tahte järgi elanud egiptlaste esmasündinuid tabas nuhtlus.

Kogu Piiblist on näha, et isegi haigus alistub Jumala ülemvõimule ja Ta kaitseb haiguste eest neid, kes Teda austavad ning haigus tungib neisse, kes teevad pattu, sest Ta pöörab oma pale niisuguste inimeste pealt ära.

Miks on siis olemas haigus ja miks kannatatakse selle tõttu? Kas see tähendab, et Looja Jumal tegi haiguse loomise käigus, et inimene võiks elada haiguse ohus? Looja Jumal lõi inimese ja valitseb kõike universumis headuse, õigluse ja armastusega. Pärast inimese elu jaoks kõige sobivama keskkonna loomist (1. Moosese raamat 1:3-25) lõi Jumal inimese oma kuju järele, õnnistas neid ja võimaldas neil saada ülima vabaduse ja meelevalla.

Aja jooksul kogesid inimesed Jumala käske pidades takistamatult Jumala antud õnnistusi ja elasid Eedeni aias, kus polnud pisaraid, kurbust, kannatust ega haigusi. Kui Jumal nägi, et kõik, mis Ta oli teinud, oli väga hea (1. Moosese raamat 1:31), andis Ta ühe käsu: *„Kõigist aia puudest sa võid küll süüa, aga hea ja kurja tundmise puust sa ei tohi süüa, sest päeval, mil sa sellest sööd, pead sa surma surema!"* (1. Moosese raamat 2:16-17)

Aga kui kaval madu nägi, et inimesed ei pidanud oma mõtetes Jumala käsku, vaid hoopis eirasid seda, ahvatles madu esimese loodud inimese naist Eevat. Kui Aadam ja Eeva sõid hea ja kurja tundmise puu vilja ja tegid pattu (1. Moosese raamat 3:1-6), tabas inimesi Jumala hoiatuse kohaselt surm (Roomlastele 6:23).

Pärast sõnakuulmatuse patu sooritamist ja kui inimene sai patu palga ja seisis surmaga silmitsi, suri ka inimese vaim – tema peremees – ja inimese ja Jumala vaheline osadus lõppes. Inimesed aeti Eedeni aiast välja ja nad hakkasid elama pisarate, kurbuse, kannatuste, haiguse ja surmaga. Kuna kõik maapealne neeti, hakkasid maast kasvama kibuvitsad ja ohakad ja inimesed said süüa vaid oma palge higis (1. Moosese raamat 3:16-24).

Seega on haiguse aluspõhjus pärispatt, mille tekitas Aadama sõnakuulmatus. Kui Aadam poleks Jumalale sõnakuulmatu olnud, poleks teda Eedeni aiast välja aetud ja ta oleks selle asemel elanud alati tervelt. Teiste sõnadega, ühe inimese kaudu sai igaüks patuseks ja hakkas elama ohtudes, kannatades igasuguste haiguste tõttu. Mitte kedagi ei peeta Jumala ees õigeks käsuseadusest kinnipidamise tõttu, kui enne seda patuprobleemi ei lahendata (Roomlastele 3:20).

2. Õiguse päike ja paranemine tema tiibade all

Malaki 3:20 öeldakse: *"Aga teile, kes te mu nime kardate, tõuseb õiguse päike ja paranemine tema tiibade all. Te lähete siis välja ja lööte kepsu nagu nuumvasikad."* Siin tähistab „õiguse päike" Messiast.

Jumal halastas hävingu teel olevale ja haiguste tõttu kannatavale inimkonnale ja lunastas meid kõigist pattudest Jeesuse Kristuse läbi, kelle Ta eelnevalt ette valmistas ja kelle Ta lasi risti lüüa ja kes valas oma vere. Seega on igaüks, kes Jeesuse Kristuse vastu võttis, oma pattude eest andeks saanud ja päästetud ning võib olla haigustest vaba ja elada tervelt. Inimene pidi elama kõiki asju tabanud needuse tõttu oma viimase hingetõmbeni haigestumise ohu käes, kuid Jumala armastuse ja armu teel avanes haigustest vaba olemise tee.

Kui jumalalapsed seisavad patule verevalamiseni vastu (Heebrealastele 12:4) ja elavad Tema Sõna alusel, kaitseb Ta neid oma silmadega, mis on nagu lõõmav tuli ja varjab neid Püha Vaimu tulemüüriga, et mingisugune õhus olev mürk nende ihudesse kunagi ei tungiks. Isegi kui keegi haigestub, põletab Jumal pärast ta meeleparandust ja tegudest pöördumist haiguse ära ja tervendab mõjustatud kehaosad. See on tervenemine „õiguse päikese" kaudu.

Kaasaja arstiteaduses on välja arenenud ultraviolett-teraapia, mida kasutatakse tänapäeval laialdaselt erinevate haiguste ärahoidmiseks ja raviks. Ultraviolettkiired on desinfitseerimiseks äärmiselt efektiivsed ja tekitavad ihus keemilisi muudatusi. See teraapia võib hävitada umbes 99% jämesoole pisikuid, difteeria ja düsenteeria pisikuid ja on samuti tõhus tuberkuloosi, rahhiidi, aneemia, reuma ja nahahaiguse vastu. Aga ka ultraviolett-teraapia sarnast kasulikku ja võimast ravi ei saa kasutada kõigi haiguste puhul.

Üksnes Pühakirja jäädvustatud „õiguse päike ja paranemine tema tiibade all" on väekiir, mis võib ravida iga haiguse. Õiguse päikese kiiri võib kasutada igasuguste haiguste raviks ja kuna seda võib kõikide inimeste puhul rakendada, on Jumala tervendamisviis tõeliselt lihtne, kuid täielik ja peaasjalikult parim.

Mitte kaua aega pärast mu koguduse asutamist, toodi mu juurde kanderaamil patsient, kes oli suremas ja kannatas halvatuse ja vähi tõttu piinavat valu. Ta ei suutnud rääkida, sest ta keel oli jäigastunud ja ta ei olnud võimeline oma keha liigutama, sest kogu ta keha oli halvatud. Kuna arstid olid alla andnud, õhutas patsiendi naine, kes uskus Jumala väge, abikaasat kõik Tema kätesse andma. Kui patsient sai aru, et ainus viis elus püsida oli Jumalast kinni hoida ja Teda paluda, püüdis patsient Jumalat ülistada ka siis kui ta voodis lamas ja ta naine palus tõsimeelselt usus ja armastuses. Kui ma nägin nende kahe usku, palusin ka mina tolle mehe eest tuliselt. Varsti pärast seda, tuli see mees, kes oli varem oma naist Jeesusesse uskumise tõttu taga kiusanud, meeleparandusele ja lõhestas oma südame ning Jumal saatis tervenemise kiire ning põletas mehe ihu oma Püha Vaimu tulega ning puhastas selle. Halleluuja! Kui haiguse aluspõhjus põletati ära, hakkas mees varsti käima ja jooksma ja sai taas terveks. Pole vaja öelda, kuidas Manmini koguduse liikmed andsid Jumalale au ja rõõmustasid Jumala hämmastavat tervendustööd nähes.

3. Teile, kes te austate mu nime

Meie Jumal on kõikvõimas Jumal, kes lõi oma Sõnaga kõik universumis sisalduva ja lõi inimese põrmust. Kuna niisugune Jumal sai meie Isaks, siis isegi haigestumise korral, kui meie usk sõltub täiesti Temast, näeb Ta seda ja tunnistab me usku ning tervendab meid meeleldi. Haiglaravi ei ole sugugi vale, aga Jumalal on hea meel oma lastest, kes usuvad Tema kõiketeadmist ja kõikvõimsust ja hüüavad Tema poole kogu südamest, saavad terveks ja austavad Teda.

2. Kuningate raamatus 20:1-11 on Juuda kuninga Hiskija lugu. Ta haigestus kui Assüüria ta kuningriiki tungis, aga ta sai täiesti terveks kolm päeva pärast Jumala palumist ja tema elule lisati viisteist aastat.

Prohvet Jesaja kaudu ütleb Jumal Hiskijale: „*Sea oma elumaja asjad korda, sest sa sured ega saa terveks!*" (2. Kuningate raamat 20:1; Jesaja 38:1) Teiste sõnadega, Hiskijale öeldi, et ta sureb ning peaks surmaks ettevalmistusi tegema hakkama ning oma kuningriigi ja perega asjad korda ajama. Aga Hiskija pööras oma palge kohe seina poole ja palus Jumalat (2. Kuningate raamat 20:2). Kuningas sai aru, et tema haigus tulenes tema osadusest Jumalaga, ta pani kõik muu kõrvale ja otsustas palvetada.

Kui Hiskija palus Jumalat tuliselt ja pisarais, rääkis Jumal ja andis kuningale lubaduse: „*Ma olen kuulnud su palvet, ma olen näinud su silmavett. Vaata, ma lisan su elupäevadele viisteist aastat ja ma päästan sinu ja selle linna Assuri kuninga pihust ning kaitsen seda linna*" (Jesaja 38:5-6). Me võime ka oletada, kui tõsimeelselt ja innukalt Hiskija palvetas, kui Jumal ütles talle: „Ma olen kuulnud su palvet, ma olen näinud su silmavett."

Jumal, kes vastas Hiskija palvele, tegi kuninga täiesti terveks, et ta võis kolme päeva pärast Jumala templisse minna. Pealegi, Jumal lisas Hiskija elule viisteist aastat ja Hiskija ülejäänud eluaja jooksul hoidis Jumal Jeruusalemma linna Assüüria ohu eest kaitstud.

Kuna Hiskija teadis hästi, et Jumal valitses inimese elu ja surma üle, oli Jumala palumine tema jaoks kõige tähtsam.

Jumalal oli Hiskija alandlikust südamest ja usust hea meel, Ta lubas kuninga terveks teha ja kui Hiskija küsis tervekssaamise kohta märki, laskis Jumal isegi varjul, kuhu see Aahase päikesekellal oli laskunud, minna kümme pügalat tagasi (2. Kuningate raamat 20:11). Meie Jumal on tervenduse Jumal ja väga hoolitsev Isa, kes annab neile, kes küsivad.

Vastupidiselt, 2. Ajaraamatus 16:12-13 on kirjas: *„Oma kolmekümne üheksandal valitsemisaastal hakkas Aasa jalgu põdema ja tema haigus oli väga raske. Aga oma haiguseski ei otsinud ta Isandat, vaid arste. Siis Aasa läks magama oma vanemate juurde ja suri oma neljakümne esimesel valitsemisaastal."* Kui ta esialgu troonile tõusis, siis: *„Aasa tegi, mis õige oli Isanda silmis, nõnda nagu ta isa Taavet"* (1. Kuningate raamat 15:11). Ta oli esiteks tark valitseja, aga kui ta järk-järgult kaotas oma usu Jumalasse ja hakkas rohkem inimese peale toetuma, ei saanud kuningas Jumala käest abi.

Kui Iisraeli kuningas Basea tungis Juudasse, usaldas ta Jumala asemel Aarami kuningat Ben-Hadadi. Seetõttu noomis nägija Hanani Aasat, aga Aasa ei pöördunud oma teedelt, ta pani selle asemel nägija vangi ja rõhus oma inimesi (2. Ajaraamat 16:7-10).

Enne seda kui Aasa hakkas Aarami kuningat usaldama, sekkus Jumal ja tegi nii, et Aarami sõjavägi ei saanud Juudasse sisse tungida. Aga sellest ajast, kui Aasa hakkas Jumala asemel Aarami kuningat usaldama, ei saanud Juuda kuningas enam Jumalalt abi. Pealegi ei teinud Aasa, kes otsis Jumala asemel arstidelt abi, Jumalale head meelt. Sellepärast suri Aasa vaid kaks aastat pärast jalahaiguse algust. Hoolimata sellest, et Aasa tunnistas oma usku Jumalasse, ei saanud kõigeväeline Jumal kuninga jaoks midagi teha, kuna tal puudusid usuteod ja ta ei hüüdnud Jumalat appi.

Tervenemise kiir, mis tuleb meie Jumalalt, võib tervendada igasuguseid haigusi, seega võib halvatu seista ja käia, pime hakkab nägema, kurt kuulma ja surnud elustuvad. Seega, kuna Tervendajal Jumalal on piiramatu vägi, ei ole haiguse tõsidus tähtis. Tervendaja Jumal on sama, olgu siis tegu pisima külmetuselaadse haiguse või vähi sarnase väga tõsise haigusega. Kõige olulisem on süda, millega me Jumala ette läheme: kas see on Aasa või Hiskija südame sarnane.

Ma palun meie Isanda nimel, et te võtaksite vastu Jeesuse Kristuse ja saaksite vastuse patuprobleemile, et teid peetaks usu kaudu õigeks ja te oleksite Jumalale meelepärane oma alandliku südame ja usu tõttu, millega kaasnevad teod nagu Hiskija puhul ja et te saaksite terveks igast ja kõikidest haigustest ja elaksite alati tervelt!

2. peatükk

Kas Sa tahad terveks saada?

Aga seal oli inimene,
kes oli olnud haige kolmkümmend kaheksa aastat.
Kui Jeesus nägi teda seal lamamas ja sai teada,
et ta on juba nii kaua aega haige, küsis ta temalt:
„Kas sa tahad terveks saada?"

Johannese 5:5-6

1. Kas Sa tahad terveks saada?

On palju erinevaid juhtumeid, kus inimesed, kes ei tundnud enne Jumalat, otsisid Teda ja tulid Ta ette. Mõned tulevad Tema ette oma head südametunnistust järgides, aga teised kohtuvad Temaga pärast evangeeliumi kuulmist. Mõned inimesed leiavad Jumala siis, kui nad muutuvad elu suhtes skeptiliseks pärast töist ebaõnne või pere lahkheli. Teised tulevad Tema ette pärast piinava füüsilise valu tundmist või surmahirmus tungivusega südames.

Inimene peab soovima terveks saamist üle kõige, et anda oma haigus täiesti Jumala kätesse, nii nagu kolmkümmend kaheksa aastat valu käes kannatanud invaliid Betsata tiigi juures tegi.

Jeruusalemma Lambavärava juures oli tiik, mida kutsuti heebrea keeles „Betsata." Selle ümber oli viis kaetud sammaskäiku, kuhu kogunesid pimedad, jalust vigased ja halvatud ja kus nad lamasid, sest legendi alusel tuli aeg-ajalt Jumala ingel alla tiiki ja segas vett. Uskumust mööda sai pärast iga tiigivee segamist esimene „Halastuse koja" nimelisse tiiki mineja igast haigusest terveks.

Jeesus nägi tiigi ääres lamavat kolmekümne kaheksa aastast invaliidi ja küsis tema käest, teades juba, kui kaua see mees oli kannatanud: „Kas Sa tahad terveks saada?" Mees vastas: *„Isand, mul ei ole kedagi, kes mind aitaks tiiki, kui vesi hakkab liikuma. Sellal kui mina olen alles teel, astub mõni teine sisse enne mind"* (Johannese 5:7). Sel teel tunnistas mees Isandale, et isegi kui ta soovis kogu südamest terveks saada, ei suutnud ta oma jõuga tõusta. Meie Isand nägi mehe südant ja ütles talle: *„Tõuse üles, võta oma kanderaam ja kõnni"* ja inimene sai otsekohe terveks, võttis oma kanderaami ja kõndis (Johannese 5:8).

2. Te peate Jeesuse Kristuse vastu võtma

Kui mees, kes oli kolmkümmend kaheksa aastat invaliid, kohtus Jeesuse Kristusega, sai ta kohe terveks. Kui ta hakkas tõelise elu allikat Jeesust Kristust uskuma, sai mees kõik oma patud andeks ja tervenes haigusest.

Kas keegi teie seast tunneb haiguse tõttu ängistust? Kui te olete haige ja soovite Jumala ette tulla ja terveks saada, peate te esiteks Jeesuse Kristuse vastu võtma ja Jumala lapseks saama ning saama andestuse, et eemaldada igasugune takistus teie ja Jumala vahel. Siis peate te uskuma, et kuna Jumal teab kõike ja on kõikvõimas, suudab Ta igasuguseid imesid teha. Te peate ka uskuma, et Jeesuse piitsutamise kaudu lunastati meid kõigist haigustest ja kui te palute Teda Jeesuse Kristuse nimel, saate te terveks.

Kui me palvetame niisuguse usuga, kuuleb Jumal meie usupalvet ja teeb tervendustöö ilmsiks. Hoolimata sellest, kui kaua aega tagasi või kui tõsiselt te ka haigestunud poleks, andke kindlasti kõik oma haigusprobleemid Jumala kätesse, pidades meeles, et kui Jumala vägi teid terveks teeb, võite te hetkega taas terveks saada.

Kui halvatu, kellest räägitakse Markuseuse 2:3-12, kuulis esimest korda Jeesuse Kapernauma tuleku kohta, tahtis see mees Tema ette minna. Kui ta kuulis uudiseid Jeesusest, kes tervendas inimesi eri haigustest, ajas välja kurje vaime ja tegi pidalitõbised terveks, mõtles halvatu, et kui ta usuks, saaks temagi terveks. Kui halvatu sai aru, et ta ei suutnud kogunenud rahvasumma tõttu Jeesusele lähemale minna, tegi ta sõprade abiga augu Jeesuse viibimiskohaks oleva maja katusesse ja matt, kus ta lebas, langetati Jeesuse ette.

Kas te suudate ette kujutada halvatu Jeesuse ette mineku soovi suurust, mis pani teda niimoodi toimima? Kuidas reageeris Jeesus, kui halvatu, kes ei suutnud ühest kohast teise minna ega rahva tõttu ringi liikuda, näitas sõprade abil oma usku ja pühendumist? Jeesus ei tõrelenud halvatuga tema halva käitumisviisi tõttu, vaid ütles selle asemel talle: „Poeg, su patud on sulle andeks antud" ja lasi tal tõusta ja kohe ära minna.

Õpetussõnades 8:17 ütleb Jumal meile: *„Mina armastan neid, kes armastavad mind, ja kes otsivad mind, need leiavad minu."* Kui te tahate olla vaba haiguse ängist, peate te esiteks tõsiselt tervenemist soovima, uskuma haigusküsimust lahendada suutva Jumala väge ja Jeesuse Kristuse vastu võtma.

3. Te peate hävitama patumüüri

Hoolimata sellest, kui palju te usute, et te võite Jumala väe läbi terveneda, ei saa Ta teie sees tööd teha, kui teie ja Jumala vahel on patumüür. Sellepärast ütleb Jumal meile Jesaja 1:15-17: *"Kui te käsi sirutate, peidan ma oma silmad teie eest, kui te ka palju palvetate, ei kuule ma mitte, sest teie käed on täis verd! Peske endid, puhastage endid, saatke oma tegude kurjus mu silme eest, lakake paha tegemast! Õppige tegema head, nõudke õigust, aidake rõhutut, mõistke vaeslapsele õigust, lahendage lesknaiste kohtuasju!"* ja siis Ta lubas järgmises, 18. salmis: *"Tulge nüüd ja seletagem isekeskis, ütleb Isand. Kuigi teie patud on helepunased, saavad need lumivalgeks; kuigi need on purpurpunased, saavad need villa sarnaseks."*

Järgmist võib näha ka Jesaja 59:1-3:

Vaata, Isanda käsi ei ole päästmiseks lühike ega ole Ta kõrv kuulmiseks kurt, vaid teie süüteod on teinud vahe teie ja teie Jumala vahele, teie patud varjavad Tema palge teie eest, sellepärast Ta ei kuule. Sest teie käed on rüvetatud verega ja teie sõrmed süüga, teie huuled väidavad valet, teie keel kõneleb kõverust.

Inimesed, kes ei tunne Jumalat ja ei ole Jeesust Kristust vastu võtnud ja on elanud isepäiselt, ei saa aru, et nad on patused. Kui inimesed võtavad Jeesuse Kristuse oma Päästjaks ja saavad Püha Vaimu anni, veenab Püha Vaim maailma patusüüs ja õigsuse ja kohtu suhtes ja inimesed tunnistavad ja saavad siis aru, et nad on patused (Johannese 16:8-11).

Aga on juhtumeid, kui inimesed ei tea üksikasjalikult, mis on patt ja ei ole seega võimelised patust ja endis olevast kurjusest vabanema ja Jumala käest vastuseid saama, peavad nad esiteks teadma, mis on Tema silmis patt. Kuna kõik tõved ja haigused tulevad patust, siis ainult siis, kui end tagasivaates näha ja hävitada patumüür, on võimalik kogeda kiiret tervendustööd.

Vaatame nüüd lähemalt, mida Pühakirjas öeldakse patu kohta ja kuidas patumüüri hävitada.

1) Te peate meelt parandama, et te ei uskunud Jumalat ja ei võtnud Jeesust Kristust vastu.

Piiblis öeldakse, et Jumala mitte uskumine ja Jeesuse Kristuse Päästjaks mitte vastu võtmine on patt (Johannese 16:9). Paljud uskmatud ütlevad, et nad elavad head elu, aga need inimesed ei oska enda kohta õiget arvamust omada, sest nad ei tunne tõesõna – Jumala valgust – ja ei suuda õige ja vale vahel vahet teha.

Isegi kui inimene on kindel, et ta on head elu elanud, siis kui ta elu tõe – universumis kõik loonud ja elu, surma, needust ja õnnistust valitseva kõigeväelise Jumala Sõna – valgel kaaluda, võib leida palju ebaõiglust ja väärust. Sellepärast öeldakse Piiblis: *„Ei ole õiget, ei ühtainsatki"* (Roomlastele 3:10) ja *„Seepärast et Seaduse tegude tõttu ei mõisteta kedagi õigeks Tema ees, sest Seaduse kaudu tuleb patutundmine"* (Roomlastele 3:20).

Kui te võtate Jeesuse Kristuse vastu ja saate Jumala lapseks, saab kõigeväeline Jumal pärast Jumalasse mitte uskumisest ja Jeesuse Kristuse mitte vastu võtmisest meele parandamist teie Isaks ja te palved leiavad siis vastuse, hoolimata haigusest, mis teil olla võiks.

2) Te peate meelt parandama, et te ei ole oma vendi armastanud.

Piiblis öeldakse: „*Mu armsad, kui Jumal meid nõnda on armastanud, siis oleme ka meie kohustatud armastama üksteist*" (1. Johannese 4:11). Seal tuletatakse meile ka meelde, et me peaksime armastama ka oma vaenlasi (Matteuse 5:44). Kui me oma vendi vihkame, ei kuuletu me Jumala Sõnale ja teeme seega pattu.

Kuna Jeesus näitas ristilöömise kaudu oma armastust patus ja kurjuses elava inimkonna vastu, on meie jaoks üksnes õige armastada oma vanemaid, lapsi, vendi ja õdesid. Jumala ees ei ole õige vihata ja olla võimetu andestama tähendusetute, kuid halvade tunnete ja inimestest valesti arusaamise tõttu.

Matteuse 18:23-35 toob Jeesus järgmise tähendamissõna:

Seepärast on taevariik kuninga sarnane, kes tahtis oma sulastega arvet teha. Kui ta siis hakkas arvet tegema, toodi ta ette üks, kes võlgnes talle kümme tuhat talenti. Et tal aga maksta ei olnud, käskis isand müüa tema ja ta naise ja lapsed ja kõik, mis tal oli, ning maksta. Siis see sulane kummardas teda maha heites ja ütles: „*Ole minuga pikameelne ja ma maksan sulle kõik!*" *Ja isandal hakkas sulasest hale, ta laskis tal minna ning kustutas laenu. Aga kui see sulane oli välja läinud, leidis ta ühe kaassulase, kes võlgnes talle sada teenarit. Ja temast kinni haarates kägistas ta teda ja ütles:* „*Maksa, mis sa võlgned!*"

Siis see kaassulane palus teda maha heites: „Ole minuga pikameelne ja ma maksan sulle!" Aga tema ei tahtnud, vaid läks ning laskis ta heita vangi, kuni ta oma võla ära maksab. Kui nüüd teised sulased nägid, mis sündis, olid nad väga nördinud ja tulid ning kaebasid oma isandale kõik, mis oli juhtunud. Siis kutsus isand tema enese juurde ja ütles talle: „Sa tige sulane! Ma kustutasin kogu sinu võla, sest sa palusid mind. Eks siis sinagi oleksid pidanud halastama oma kaassulase peale, nõnda nagu mina sinu peale halastasin!" Ja ta isand vihastas ning andis ta piinajate kätte, kuni ta maksab ära kõik, mis ta temale võlgnes. Nõnda teeb ka minu taevane Isa teile, kui teie igaüks kogu oma südamest ei anna andeks oma vennale.

Kas me ei suuda ega taha vendade puudusi ja vigu aktsepteerida isegi kui me ise saime oma Isa Jumala andestuse ja armu osaliseks, vaid kaldume selle asemel rivaalitsemisse, saame üksteise vaenlaseks, paneme teisi pahaks ja provotseerime?

Jumal ütleb: *„Igaüks, kes vihkab oma venda, on mõrvar, ja te teate, et ühelgi mõrvaril ei ole iguvest elu, mis temasse jääks"* (1. Johannese 3:15), *„Nõnda teeb ka minu taevane Isa teile, kui teie igaüks kogu oma südamest ei anna andeks oma vennale"* (Matteuse 18:35) ja õhutab meid *„Vennad, ärge nurisege üksteise vastu, et teie üle ei mõistetaks kohut! Vaata, kohtunik seisab ukse ees!"* (Jakoobuse 5:9).

Me peame aru saama, et kui me ei armastaks oma vendi, vaid vihkaksime neid selle asemel, teeksime ka meie pattu ja me ei oleks täis Püha Vaimu, vaid oleksime vaevatud. Seega, isegi kui vennad vihkavad meid ja valmistavad meile pettumuse, ei tohi meie neid vihata ja neile vastu pettumust valmistada, vaid me peaksime selle asemel oma südant tõega valvama, neid mõistma ja neile andeks andma. Meie südamed peavad olema võimelised tegema armastuse palvet selliste vendade ja õdede eest. Kui me mõistame, andestame ja armastame üksteist Püha Vaimu abiga, näitab Jumal meie vastu samuti üles oma kaastunnet ja halastust ja teeb tervendustöö ilmsiks.

3) Parandage meelt, kui te olite palvetades ahne.

Kui Jeesus tegi vaimu poolt seestunud poisi terveks, küsisid Ta jüngrid Tema käest: *„Miks meie ei suutnud seda välja ajada?"* (Markuse 9:28). Jeesus vastas: *„See tõug ei lähe väja millegi muu kui palvega"* (Markuse 9:29).

Selleks, et teatud määral terveneda, tuleb samuti palvetada ja anuda. Aga egoistlikest huvidest lähtuvad palved ei saa vastust, sest Jumalal ei ole neist head meelt. Jumal käskis meid: *„Niisiis, kas te nüüd sööte või joote või teete midagi muud – tehke seda Jumala austamiseks!"* (1. Korintlastele 10:31). Seega peab meie õpingute ja kuulsuse või väe saamise eesmärk austama vaid Jumalat. Jakoobuse 4:2-3 kirjutatakse: *„Te himustate, ja teil ei ole; te taplete ja tapate, ja ei suuda midagi saavutada; te tülitsete ja sõdite. Teil ei ole, sest te ei palu. Te palute, aga ei saa, sest te palute halva jaoks, tahtes seda kulutada oma* *lõbudeks."* Tervenemispalve tervelt elamise jaoks on Jumala austuseks; te saate vastuse, kui te seda palute. Aga kui te ei tervene isegi pärast tervenemispalvet, võib see olla tingitud sellest, et isegi kui te tervenemist palute, võte te taotleda midagi, mis ei ole tõeliselt õige, isegi kui Jumal tahab teile sellest veel palju suuremaid asju anda.

Missugusest palvest on Jumalal hea meel? Nii nagu Jeesus ütleb Matteuse 6:33: *„Aga otsige esmalt Jumala riiki ja Tema õigust, siis seda kõike antakse teile pealegi!"* Selle asemel, et muretseda toidu, riiete ja sarnase pärast, tuleb meil esiteks olla Jumalale meelt mööda, paludes Ta riigi ja õiguse eest ning evangeeliumi kuulutamise ja pühitsemise eest. Ainult siis vastab Jumal teie südamesoovidele ja toob teile haigusest täie tervenemise.

4) Parandage meelt, kui te palusite kaheldes.

Jumalal on hea meel palvest, mis näitab inimese usku. Sellest räägitakse Heebrealastele 11:6: *„Aga ilma usuta on võimatu olla meelepärane, sest kes tuleb Jumala juurde, peab uskuma, et Tema on olemas ja Ta annab palga neile, kes Teda otsivad."* Samamoodi tuletatakse meelde Jakoobuse 1:6-7: *„Aga ta palugu usus, ilma kahtlemata, sest kahtleja sarnaneb tuule tõstetud ja sinna-tänna paisatud merelainega. Selline inimene ärgu ometi arvaku, et ta midagi saab Isandalt."*

Kaheldes palutud palved näitavad inimese uskmatust kõigeväelisse Jumalasse ja häbistavad Tema väge ning teevad

Temat teovõimetu Jumala. Te peate kohe meelt parandama ja järgima usuisasid ning palvetama usinalt ja tuliselt, et saada usk, mis aitab teil südamest uskuda.

Paljudel kordadel leiame me Piiblist, et Jeesus armastas neid, kellel oli suur usk ja valis nad oma töötegijateks ning teostas oma teenistust nende kaudu ja nendega. Kui inimesed ei suutnud oma usku näidata, manitses Jeesus neid vähese usu pärast ja tegi seda ka oma jüngritega (Matteuse 8:23-27), aga Ta tunnustas ja armastas neid, kellel oli suur usk, isegi kui nad olid paganad (Matteuse 8:10).

Kuidas te palvetate ja missugune usk teil on?

Matteuse 8:5-13 tuli väeülem Jeesuse juurde ja palus, et Ta tervendaks ühe tema teenritest, kes lamas kodus halvatuna maas hirmsas piinas. Kui Jeesus küsis väeülemalt: *„Kas ma tulen ja teen ta terveks?"* (7. salm), vastas väeülem: *„Ei, Isand, ma ei ole seda väärt, et Sina mu katuse alla tuleksid. Ütle ainult üks sõna ja mu teener paraneb"* (8. salm) ja näitas Jeesusele oma suurt usku. Väeülema sõnade kuulmine valmistas Jeesusele head meelt ja Ta tunnustas väeülemat. *„Tõesti, ma ütlen teile, nii suurt usku ei ole ma leidnud Iisraelis ühelgi!"* (10. salm). Väeülema teener paranes selsamal tunnil.

Markuse 5:21-43 on kirja pandud hämmastava tervendustöö juhtum. Kui Jeesus oli mere ääres, tuli Tema juurde Jairuse nimeline sünagoogi juht ja langes Ta jalge ette maha. Jairus palus Jeesust: *„Mu tütreke on hinge vaakumas. Oh et Sa tuleksid, paneksid käed tema peale, et ta saaks terveks ja jääks ellu!"* (23. salm).

Kui Jeesus läks Jairusega kaasa, tuli Ta juurde naine, kes oli kaksteist aastat veritõbe põdenud. Ta oli palju saanud kannatada arstide käes ja ära kulutanud kõik, mis tal oli, ega olnud saanud mingit abi, vaid pigem oli ta tõbi läinud halvemaks. Naine kuulis, et Jeesus oli lähedal ja ta tuli Jeesust järgivat rahvasummast läbi Tema selja taha ja puudutas Ta kuube. Kuna naine uskus: *„Kui ma saaksin Tema kuubegi puudutada, siis ma paraneksin!"* (28. salm), siis otsekohe kui naine puudutas Jeesuse kuube, kuivas tema vereläte ja ta tundis oma ihus, et ta oli paranenud sellest hädast. Ja Jeesus, tundes endamisi, et vägi oli Temast välja läinud, pööras kohe rahvahulga seas ümber ja küsis: *„Kes puudutas mind?"* (30. salm). Kui naine tunnistas tõde, ütles Jeesus talle: *„Tütar, sinu usk on su päästnud, mine rahuga ja ole terve oma vaevast!"* (34. salm). Naine sai päästetud ja ka terviseõnnistuse.

Sel ajal tuldi Jairuse kohast ja öeldi: *„Su tütar on surnud"* (35. salm). Jeesus kinnitas Jairust ja ütles talle: *„Ära karda, usu ainult!"* (36. salm) ja jätkas Jairuse kodu poole minekut. Sinna jõudes kostis Ta: *„Laps ei ole surnud, vaid magab!"* (39. salm) ja ütles tüdrukule: *„Talita kuum!" (mis on tõlkes: „Tüdruk, ma ütlen sulle, ärka üles!")* (41. salm). Ja tüdruk tõusis kohe pusti ja kõndis.

Uskuge, et usupalve peale võib terveks saada ka tõsisest haigusest ja surnud võivad ellu ärgata. Kui te palvetasite siiani kaheldes, võtke oma tervenemine vastu ja olge tugev, patust meelt parandades.

5) Parandage meelt, sest te ei pidanud Jumala käske. Johannese 14:21 ütleb Jeesus: *„Kellel on minu käsud ja kes neid peab, see ongi see, kes armastab mind. Aga kes armastab mind, seda armastab mu Isa, ja mina armastan teda ning näitan talle ennast."* 1. Johannese 3:21-22 tuletatakse meile samuti meelde: *„Armsad, kui meie süda ei süüdista, siis on meil julgus Jumala ees ja mida me iganes palume, seda me saame Temalt, sest me peame Tema käske ja teeme, mis on Tema silmis meelepärane."* Patune ei saa Jumala ees kindel olla. Aga kui meie süda on austusväärne ja veatu, kui seda tõesõna valgel mõõta, võime me Jumalalt julgelt ükskõik mida paluda.

Seega peate te Jumalat uskudes õppima ja aru saama kümnest käsust, mis on Piibli kuuekümne kuue raamatu põhiteesideks ja avastama kui palju te pole oma elust neid järginud.

I. Kas mu südames on kunagi olnud muid jumalaid peale Jumala?

II. Kas ma olen kunagi lasknud oma varandust, lapsi, tervist, tööd ja sarnast ebajumala seisuses olla ja seda kummardanud?

III. Kas ma olen Jumala nime kunagi asjata kasutanud?

IV. Kas ma olen alati hingamispäeva pühitsenud?

V. Kas ma olen alati oma vanemaid austanud?

VI. Kas ma olen kunagi sooritanud füüsilisi või vaimseid tapmisi, vihates oma vendi ja õdesid või pannes neid pattu tegema?

VII. Kas ma olen kunagi abielu rikkunud, isegi südames?

VIII. Kas ma olen kunagi varastanud?

IX. Kas ma olen kunagi ligimeste vastu valetunnistust andnud?

X. Kas ma olen kunagi ihaldanud oma ligimese vara?

Lisaks peate te ka tagasi vaatama ja nägema, kas te olete Jumala käsku pidanud, armastades oma ligimesi nii nagu te armastate iseend. Kui te täidate Jumala käske ja palute Teda, tervendab väe Jumal teid igasugustest ja kõikidest haigustest.

6) Parandage meelt, et te ei külvanud Jumalale.

Kuna Jumal valitseb kõike universumis, kehtestas Ta vaimumaailma jaoks seadustiku ja õiglase kohtumõistjana juhatab ja juhib Ta kõike sellega kooskõlas.

Taanieli 6. peatükis pandi kuningas Daarjaves raskesse olukorda, kus ta ei saanud oma armastatud sulast Taanieli lõukoerte koopast päästa, isegi kui ta oli kuningas. Kuna ta oli oma käega kirja pannud seaduse, ei saanud Daarjaves ise kehtestatud seadust rikkuda. Kui kuningas oleks esimene, kes reegleid väänaks ja seadusest kinni ei peaks, kes teda siis kuulda võtaks ja teeniks? Sellepärast ei saanud Daarjaves mitte midagi teha, isegi kui tema armas sulane Taaniel visati kurjade meeste salasepitsuse tõttu lõukoerte auku.

Samamoodi nagu Jumal ei vääna reegleid ja ei ole enese kehtestatud seadusele sõnakuulmatu, kulgeb kõik universumis Tema ülimvõimu all täpse korra kohaselt. Sellepärast: *"Ärge eksige: Jumal ei lase ennast pilgata, sest mida inimene iganes külvab, seda ta ka lõikab"* (Galaatlastele 6:7).

Nii palju kui te külvate palves, saate te ka vastuseid ja kasvate vaimselt ja teie sisemine olemus tugevneb ja te vaim uueneb. Kui te olite haige võ teil esinesid kehavead, aga nüüd te külvate oma aja armastusse Jumala vastu, osaledes usinalt kõigil ülistusteenistustel, saate te terviseõnnistuse ja tunnete ilmeksimatult muudatust oma ihus. Kui te külvate rikkust Jumalasse, kaitseb ja varjab Ta teid katsumuste eest ja annab teile ka suurema rikkuse õnnistuse.

Kui te mõistate Jumalasse külvamise tähtsust ja saate lahti selle maailma lootustest, mis kuuluvad kõdunemisele ja on hävivad, vaid hakkate selle asemel koguma tõelise usuga oma taevaseid tasusid, juhib kõigeväeline Jumal teid alati tervesse ellu.

Jumala Sõna abil oleme me siiani vaadelnud, mis moodustas Jumala ja inimese vahelise müüri ja miks me elasime haiguseängis. Kui te ei uskunud Jumalat ja kannatasite haiguse tõttu, võtke Jeesus oma Päästjaks ja hakake Kristuses elama.

Ärge kartke neid, kes võivad liha tappa. Selle asemel kartke Teda, kes võib liha ja vaimu põrgusse saata ja valvake oma usku pääste Jumalasse oma vanemate, õdede-vendade, abikaasa, äia ja ämma ja muude inimeste tagakiusu eest. Kui Jumal teie usku tunnustab, teeb Ta oma töö ja teie võite vastu võtta tervenemise armuanni.

Kui te olete usklik, aga olete haigestunud, vaadake end ja tehke kindlaks, kas teisse on ehk jäänud mingit kurjust nagu vihkamist, armukadedust, kadedust, ebaõiglust, rüvedust, ahnust, õelaid motiive, tapmist, vaidlemist, keelepeksu, laimu, uhkust ja sarnast. Jumalat paludes ja Tema kaastundest ja halastusest andestuse saamiseks võtke vastu ka vastus teie haiguse taga seisvale probleemile.

Paljud püüavad Jumalaga kaubelda. Nad ütlevad, et kui Jumal esiteks neid tõbedest ja haigustest terveks teeb, siis nad usuvad Jeesust ja hakkavad Teda järgima. Aga kuna Jumal teab, mis on igaühe südamepõhjas, tervendab Ta igaühe füüsilistest haigustest alles pärast inimeste vaimset puhastamist.

Ma palun meie Isanda nimel, et te kuuletuksite haigusest tervenemise õnnistuse saamisel oma vaimu heaoluks esiteks Jumala tahtele, kui te saate aru, et inimese ja Jumala mõtted erinevad!

3. peatükk

Tervendaja Jumal

Kui sa tõesti kuulad Isanda,
oma Jumala häält ja teed, mis õige on Tema silmis,
paned tähele Tema käske ja täidad kõiki Tema korraldusi,
siis ma ei pane su peale ainsatki neist tõbedest,
mis ma panin egiptlaste peale,
sest mina olen Isand, su ravija.

2. Moosese raamat 15:26

1. Miks inimene haigestub?

Isegi kui Tervendaja Jumal tahab, et kõik Ta lapsed elaksid tervelt, kannatavad neist paljud haigusest tingitud valu tõttu ja ei ole suutelised haiguse probleemile lahendust leidma. Nii nagu igal tagajärjel on põhjus, on ka igal haigusel põhjus. Kuna iga haigust saab kiiresti ravida, kui selle põhjus kindlaks määrata, siis kõik, kes soovivad tervenemist, peavad esiteks oma haiguste põhjuse tuvastama. 2. Moosese raamatu 15:26 Jumala Sõna abil vaatame me lähemalt, mis põhjustab haigust ja meetodeid, mille abil me võime haigusest vabaneda ja tervelt elada.

„Isand" on Jumalale määratud nimi ja see tähendab: „Ma olen see, kes ma Olen" (2. Moosese raamat 3:14). See nimi tähendab ka, et kõik teised olendid alistuvad kõige auväärsema Jumala meelevallale. Me näeme sellest, kuidas Jumal kutsus end „Isandaks, su ravijaks" (2. Moosese raamat 15:26), Jumala armastust, mis vabastab meid haiguse piinast ja Jumala väge, mis haigusest tervendab.

2. Moosese raamatus 15:26 lubas Jumal: *„Kui sa tõesti kuulad Isanda, oma Jumala häält ja teed, mis õige on Tema silmis, paned tähele Tema käske ja täidad kõiki Tema korraldusi, siis ma ei pane su peale ainsatki neist tõbedest, mis ma punin egiptlaste peale, sest mina olen Isand, su ravija."* Seega, kui te haigestusite, tõendab see, et te ei kuulanud Ta häält hoolikalt ja ei teinud seda, mis oli Tema silmis õige ega pööranud Ta käskudele tähelepanu.

Kuna Jumala lapsed on taevakodanikud, peavad nad

taevariigi seaduste kohaselt elama. Aga kui taevakodanikud ei kuuletu taevastele seadustele, ei saa Jumal neid kaitsta, sest iga patt on seaduserikkumine (1. Johannese 3:4). Siis pääsevad sisse haiguse jõud ja jätavad Jumala sõnakuulmatud lapsed haiguse piina kätte. Vaatleme lähemalt haigestumise viise, haiguse põhjust ja kuidas Tervendaja Jumala vägi võib haiged terveks teha.

2. Patu tõttu haigestumise juhtum

Kogu Piiblis räägib Jumal pidevalt, et patt tekitab haigust. Johannese 5:14 kirjutatakse: *„Pärastpoole leidis Jeesus tema pühakojast ja ütles talle: „Vaata, sa oled saanud terveks. Ära tee enam pattu, et sinuga ei juhtuks midagi halvemat!"'* Selles salmis meenutatakse, et kui keegi patustab, võib ta eelnevast tõsisemalt haigeks jääda ja samuti, et inimesed haigestuvad patu tõttu.

5. Moosese raamatus 7:12-15 lubas Jumal meile: *„Ja kui te võtate kuulda neid seadusi ja peate neid ja teete nende järgi, siis peab Isand, su Jumal, sinuga lepingut ja osutab heldust, mida Ta su vanemaile on vandega tõotanud. Ja Tema armastab sind ja õnnistab sind ning teeb sind paljuks; Ta õnnistab su ihusugu ja su maa vilja, su teravilja, su veinivirret ja su õli, su veiste poegimist ning su lammaste ja kitsede kasvatust sellel maal, mille Ta vandega su vanemaile on tõotanud sulle anda. Õnnistatud oled sa rohkem kui kõik rahvad: ei ole su hulgas*

sigimatut, ei meest ega naist, ka mitte su loomade hulgas! Ja Isand võtab sinult ära kõik haigused ega pane su peale ainsatki Egiptuse kurjadest taudidest, mida sa tunned, vaid laseb need osaks saada kõigile, kes sind vihkavad." Vihkajates on kurjus ja patt ja niisuguseid inimesi tabab haigus.

5. Moosese raamatu 28. peatükis, mida tuntakse tavaliselt „õnnistuse peatükina", räägib Jumal Talle täielikult kuuletudes ja kõiki Ta käskusid hoolikalt pidades saadavate õnnistuste liikidest. Ta räägib ka, missugused needused meie peale tulevad ja meid tabavad, kui me ei järgi hoolikalt kõiki Ta käskusid ja korraldusi.

Eriti üksikasjalikult on välja toodud haigustüübid, mille ees me oleme kaitsetud, kui me Jumalale ei kuuletu. Need on: katkutõbi; kõhetustõbi; palavik; põletik; kuumtõbi; põud; viljakõrvetus ja –rooste; „Egiptuse paised"; katkumuhud; kärnad; ja sügelised, millest te ei parane; hullumeelsus; sõgedus; meeltesegadus, millest keegi ei päästa; ja kurjad paised põlvedel ja reitel, millest te ei parane, jalatallast pealaeni (5. Moosese raamat 28:21-35).

Kui te mõistate õigesti, et haigust põhjustab patt, siis peate te haigestudes esiteks meelt parandama sellest, et te ei elanud Jumala Sõna kohaselt ja andestuse vastu võtma. Kui te saate Jumala Sõna kohaselt elamise läbi terveks, ei tohi te enam pattu teha.

3. Haigestumisjuhtum olukorras, kus inimene arvab, et ta pole pattu teinud

Mõned inimesed ütlevad, et nad pole pattu teinud, aga on ikkagi haigestunud. Aga Jumala Sõna ütleb meile, et kui me teeme Jumala ees õigesti ja kui me paneme tähele Ta käsuseadusi ja peame kõiki Ta korraldusi, siis Jumal ei pane meie peale ühtegi haigust. Kui me haigestusime, tuleb meil tunnistada, et me pole kusagil teinud seda, mis on Jumala ees õige ja pole Ta korraldusi pidanud.

Milline patt põhjustab siis haigusi?

Kui keegi kasutab Jumalalt saadud tervet ihu ja ei valitse end või on ebamoraalne, ei kuuletu Jumala käskudele, teeb vigu või elab korratult, on tal suur oht haigeks jääda. Sellesse haiguste kategooriasse kuuluvad ka gastroenteriidi häired liigse või ebakorrapärase toitumisharjumuse tõttu, maksahaigus pidevast suitsetamisest ja joomisest ja paljud muud haigused, mis on tingitud ihu ületöötamisest.

Inimlikust vaatenurgast ei pruugi see patt olla, aga Jumala ees on see patt. Liigsöömine on patt, sest see näitab inimese ahnust ja enesekontrolli rakendamise võime puudumist. Kui keegi haigestus ebakorrapärase toitumisharjumuse tõttu, siis ei ole ta patustanud korrapärase elu või toidukordadest kinnipidamise puuduse tõttu, vaid oma ihu enesevalitsuse puudumisest tingitud väärkohtlemise tõttu. Kui keegi haigestus pärast pooleldi valmis söögi söömist, oli ta patuks kärsitus – tõe kohaselt mitte tegutsemine. Kui nuga hooletult kasutada ja end lõigata ja kui haav hakkab mädanema, on ka see patu tagajärg. Kui ta oleks Jumalat armastanud, oleks Jumal seda inimest alati õnnetuste eest kaitsenud. Kui ta oleks vea teinud, oleks Jumal andnud väljapääsutee, sest Ta tegutseb Teda armastavate inimeste heaks ja selle inimese ihu ei oleks haavata saanud. Haavad ja vigastused võisid johtuda ka ta tormakast tegutsemisest, mis ei sündinud pahetult – Jumala ees ei ole kumbki õige ja seega on ta tegu patune.

Sama reegel kehtib suitsetamise ja joomise kohta. Kui inimene on teadlik, et suitsetamine looritab ta mõttemaailma, kahjustab ta bronhe ja tekitab vähki, kuid ei suuda ikka suitsetamisest loobuda ja kui keegi on teadlik, et alkoholis sisalduv mürk kahjustab ta sisikonda ja halvendab ta ihu organite seisundit, aga ei suuda ikkagi joomist maha jätta, on tegu patustamisega. See näitab inimese enesevalitsuse puudumist ja ahnust, ihu vastu armastuse puudumist ja Jumala tahte mitte järgimist. Kas see pole patune?

Isegi kui meil polnud kindlat teadmist, kas iga haiguse põhjuseks on patt, võime me pärast eri juhtumite vaatlemist ja Jumala Sõna valgel kaalumist selles kindel olla. Me peame alati kuuletuma ja Ta Sõna alusel elama, et me võiksime olla vaba igasugusest haigusest. Teiste sõnadega, kui me teeme seda, mis on Tema arvates õige ja paneme Ta käsuseadust tähele ning peame kõiki Ta korraldusi, kaitseb ja varjab Ta meid alati haiguse eest.

4. Neuroosidest ja psühhoosidest tingitud haigused

Statistika alusel suureneb neurooside ja muude vaimuhälvete all kannatavate inimeste arv pidevalt. Kui inimesed on Jumala Sõnas antud korralduse järgi kannatlikud ja kui nad andestavad, armastavad ja mõistavad tõe kohaselt, vabanevad nad niisugustest haigustest lihtsalt. Aga nende südames on ikka järelejäänud kurja ja kurjus ei lase neil Sõna alusel elada. Vaimne piin halvendab muude ihuliikmete seisundit ja immuunsüsteemi ja tekitab lõpuks haiguse. Sõna alusel elades me ei erutu ega ägestu ja meie meelt ei anna üles ässitada.

Meid ümbritsevad inimesed, kes ei näi olevat kurjad, vaid head, aga kellel on niisugused haigused. Sest nad talitsevad end isegi tavaliste tundeväljenduste korral, ometi nad kannatavad palju tõsisemate haiguste tõttu kui inimesed, kes oma viha ja raevu välja valavad. Tõene headus ei tekita piina vastandlike tunnete konflikti näol – selle asemel on tegu teineteise mõistmise raames andestuse ja armastusega ja enesevalitsuse ja taluvuse trööstiga.

Lisaks, kui inimesed teevad tahtlikku pattu, haigestuvad nad vaimse piina ja hävingu tõttu vaimuhaigusesse. Kuna nad ei tegutse headuses, vaid lähevad üha kurjemaks, tekib nende vaimsest kannatusest haigus. Me peame teadma, et neuroos ja muud vaimsed hälbed on ise oma rumaluse ja kurjuse tõttu põhjustatud. Isegi sel juhul tervendab armastuse Jumal kõiki, kes Teda otsivad ja soovivad Temalt tervenemist vastu võtta. Pealegi annab Ta neile ka taevalootuse ja laseb neil elada tõelise õnne ja trööstiga.

5. Vaenlase kuradi pealepandud haigused on samuti patust tekitatud

Mõned inimesed on olnud saatana valduses ja kannatanud kõigi vaenlase poolt neile pealepandud haiguste tõttu. See on nii, kuna need inimesed on jätnud Jumala tahte ja Tõest eemale läinud. Paljud haiged, füüsilise puudega ja deemonite valduses inimesed on pärit peredest, kus kummardati ülimalt palju ebajumalaid ja ses olukorras, kuna Jumal vihkab ebajumalakummardamist.

2. Moosese raamatus 20:5-6 kirjutatakse: *„Sa ei tohi neid kummardada ega neid teenida, sest mina, Isand, sinu Jumal, olen püha vihaga Jumal, kes vanemate süü nuhtleb laste kätte kolmanda ja neljanda põlveni neile, kes mind vihkavad, aga kes heldust osutab tuhandeile neile, kes mind armastavad ja mu käske peavad!"* Ta andis meile erilise käsu ja keelas meil ebajumalaid kummardada. Temalt saadud kümne käsu esimese kahe käsu põhjal – *„Sul ei tohi olla muid jumalaid minu palge kõrval!"* (3. salm) ja *„Sa ei tohi enesele teha kuju ega mingisugust pilti sellest, mis on ülal taevas, ega sellest, mis on all maa peal, ega sellest, mis on maa all vees!"* (4. salm) – võime me lihtsalt aru saada, kui palju Jumal vihkab ebajumalakummardamist.

Kui vanemad ei kuuletu Jumala tahtele ja kummardavad

ebajumalaid, järgivad nende lapsed loomupäraselt vanemate eeskuju. Kui vanemad ei kuuletu Jumala Sõnale ja teevad kurja, järgivad lapsed loomupäraselt vanemate eeskuju ja teevad kurja. Kui sõnakuulmatuse patt jõuab kolmanda ja neljanda sugupõlveni, haigestuvad järglased patu palga tulemusel vaenlase kuradi poolt pealepandud haigustesse. Isegi siis kui vanemad kummardasid ebajumalaid, aga lapsed kummardavad oma südame headusest Jumalat, näitab Jumal oma armastust ja halastust ja õnnistab lapsi. Isegi kui inimesed kannatavad hetkel vaenlase kuradi poolt pealepandud haiguste käes, kuna nad jätsid Jumala tahte ja läksid tõest eemale, puhastab Tervendaja Jumal nad kui nad parandavad meelt ja pöörduvad oma patustelt teedelt. Mõni saab kohe terveks, teiste puhul kulub veidi aega ja on ka inimesi, keda Ta tervendab nende usu kasvu kohaselt. Tervendustöö toimub Jumala tahte kohaselt; kui inimestel on Jumala ees muutumatu süda, saavad nad otsekohe terveks – aga kui nende südames on salakavalust, saavad nad hiljem terveks.

6. Usuelu hoiab meid haigusest vaba

Kuna Mooses oli alandlikum kõigist inimestest maa peal (4. Moosese raamat 12:3) ja ustav kogu Jumala koja üle, peeti teda Jumala ustavaks sulaseks (4. Moosese raamat 12:7). Piiblis öeldakse ka, et kui Mooses suri saja kahekümne aasta vanuses, ei olnud ta silm tuhmunud ega ramm raugenud (5. Moosese raamat 34:7). Kuna Aabraham oli terve mees, kes oli usus kuulekas ja austas Jumalat, elas ta 175 aasta vanuseks (1. Moosese raamat 25:7). Taaniel oli terve ka vaid aedviljast toitudes (Taaniel 1:12-16), aga Ristija Johannes oli ka siis tugev, kui ta sõi üksnes rohutirtse ja metsmett (Matteuse 3:4).

Võib imeks panna, kuidas inimesed püsivad liha söömata terved. Aga kui Jumal lõi inimese, käskis Ta inimesel vaid puuviljast toituda. 1. Moosese raamatus 2:16-17 ütleb Jumal inimesele: „*Kõigist aia puudest sa võid küll süüa, aga hea ja kurja tundmise puust sa ei tohi süüa, sest päeval, mil sa sellest sööd, pead sa surma surema!*" Pärast Aadama sõnakuulmatust pani Jumal ta vaid põllutaimi sööma (1. Moosese raamat 3:18) ja patu suurenemisega maailmas ütles Jumal pärast uputuse kohut 1. Moosese raamatus 9:3 Noale: „*Kõik, mis liigub ja elab, olgu teile roaks; kõik selle annan ma teile nagu halja rohugi.*" Inimese järkjärgulise kurjemaks muutumisega lubas Jumal liha süüa, aga keelas süüa „roojast" toitu (3. Moosese raamat 11. peatükk; 5. Moosese raamat 14. peatükk).

Uue Testamendi ajal ütles Jumal Apostlite tegudes 15:29: „*Hoidüge ebajumalate ohvriliha ja vere ja lämbunu söömisest ning pilastusest. Teete hästi, kui te neist hoidute! Jääge terveks!*" Ta lubas meil süüa tervisele kasulikku toitu ja soovitas meil hoiduda roast, mis on meile kahjulik; meie jaoks on palju kasulikum mitte süüa ega juua midagi, mis ei meeldi Jumalale. Sõltuvalt sellest kui palju me järgime Jumala tahet ja elame usus, muutuvad meie ihud tugevamaks, tõved lahkuvad meist ja ükski haigus ei tungi meisse.

Pealegi, me ei haigestu, kui me elame õigsuse ja usuga, sest kaks tuhat aastat tagasi tuli Jeesus Kristus sellesse maailma ja kandis kõik me rasked koormad. Kui me usume, et Jeesus lunastas meid oma vere valamise kaudu meie pattudest ja et me oleme terveks saanud Tema vermete läbi ja kuna Ta võttis meie haigused enda kanda (Matteuse 8:17), sünnib meile me usu kohaselt (Jesaja 53:5-6; 1. Peetruse 2:24).

Enne Jumalaga kohtumist puudus meil usk. Me püüdsime täita oma patuloomuse soove ja patu tõttu esines meil erinevaid haigusi. Kui me elame usus ja teeme kõike õigsuses, õnnistatakse meid füüsilise tervisega.

Kui meel on terve, on ka ihu terve. Kui me viibime õigsuses ja toimime Jumala Sõna alusel, täitub me ihu Püha Vaimuga. Haigused lahkuvad ja kui me ihu saab füüsilise tervise, ei imbu sellesse ükski haigus. Kuna meie ihu on rahul, tunneb end kergelt, rõõmsalt ja tervelt, ei ole meil puudust, vaid me oleme üksnes tänulikud Jumalalt saadud tervise eest.

Ma soovin, et te võiksite tegutseda õigsuses ja usus, et kui teie vaimu lugu on hea, võiksite te terveneda igast tõvest ja ihuhädast ja saada terveks! Ma palun ka Isanda nimel, et te võiksite Jumala Sõnale kuulekas olles ja Sõna alusel elades võtta vastu Jumala rohke armastuse!

4. peatükk

Tema vermete läbi on meile tervis tulnud

Ent tõeliselt võttis
Ta enese peale meie haigused ja kandis meie valusid.
Meie aga pidasime Teda vigaseks,
Jumalast nuhelduks ja vaevatuks.
Ent Teda haavati meie üleastumiste pärast,
löödi meie süütegude tõttu.
Karistus oli Tema peal, et meil oleks rahu,
ja Tema vermete läbi on meile tervis tulnud.

Jesaja 53:4-5

1. Jumala Poeg Jeesus tervendas iga tõbe

Kui inimesed navigeerivad oma elu kursil, sattuvad nad eri probleemidega silmitsi. Nii nagu meri ei ole alati tüüne, on elumerel palju probleeme, mis tulevad kodust, tööst, töökohast, haigusest, rikkusest ja sarnasest. Ei ole liialdus väita, et haigus on nende elumurede hulgast kõige olulisem.

Hoolimata sellest, kui palju rikkust ja teadmisi inimesel olla võib, kui ta haigestub väga tõsisesse haigusesse, muutub kõik, mille heaks ta kogu elu on tööd teinud, tühiseks. Teisest küljest, me leiame, et materiaalse tsivilisatsiooni arengu ja rikkuse kasvuga suureneb ka inimese soov terve olla. Teisalt, hoolimata sellest, kui arenenud teadus ja meditsiin olla võivad, avastatakse pidevalt uusi ja harvasid haigusetüvesid, mille suhtes inimteadmised on asjatud ja haigete inimeste arv kasvab pidevalt. Võib-olla on täna sellepärast tervisel veelgi suurem rõhuasetus.

Kannatamine, haigus ja surm pärinevad kõik patust ja esindavad inimese piire. Nii nagu Vana Testamendi ajal, esitab Tervendaja Jumal meile täna viisi, mille kaudu Temasse uskujad saavad usu kaudu Jeesusesse Kristusesse terveks igast haigusest. Vaatame lähemalt Piiblit ja veendume siis, miks me saame vastused haiguse probleemile ja elame tervelt usu läbi Jeesusse Kristusesse.

Kui Jeesus küsis jüngrite käest: „Aga teie, kelle teie ütlete minu olevat?" Siimon Peetrus vastas: „*Sina oled Messias, elava Jumala Poeg*" (Matteuse 16:15-16). See vastus tundub üsna lihtne, aga see ilmutab ka selgelt, et vaid Jeesus on Kristus.

Jeesuse eluajal järgisid Teda suured rahvahulgad, sest Ta tervendas kohe haiged. Nende hulka kuulusid deemonitest seestunud, epilepsiahaiged, halvatud ja teised, kes kannatavad eri haiguste tõttu. Kui pidalitõbised, palavikuhaiged, vigased, pimedad ja ülejäänud haiged said Jeesuse puudutuse teel terveks, hakkasid nad Teda järgima ja teenima. Kui imeväärne oleks seda näha olnud? Neid imetegusid ja imesid nähes hakkasid inimesed uskuma ja võtsid Jeesuse vastu, nad said eluprobleemidele vastused ja haiged kogesid tervendustööd. Pealegi, nii nagu Jeesus tegi oma ajal inimesi terveks, võib igaüks, kes tuleb Jeesuse juurde, saada terveks ka täna.

Üks mees, kes oli vigane, osales reedeöisel ülistuskoosolekul, pärast koguduse kohta teada saamist. Pärast autoavariid raviti meest haiglas kaua aega. Aga kuna ta põlvekõõlused olid välja veninud, ei paindunud ta jalg põlvest ja kuna ta sääremari oli liikumatu, oli tal võimatu käia. Kui ta kuulis Sõna, mida jutlustati, soovis ta Jeesust Kristust vastu võtta ja terveks saada. Kui ma palvetasin selle mehe eest tõsimeelselt, tõusis ta kohe ja hakkas käima ja jooksma. Nii nagu vigane mees Ilusa nimelise templivärava juures, kargas pärast Peetruse palvet püsti ja hakkas käima (Apostlite teod 3:1-10), Jumala imetegu sai ilmsiks.

See tõendab, et kes iganes usub Jeesust Kristust ja võtab vastu andestuse Tema nimel, saab kõigist haigustest täiesti vabaks – isegi kui arstiteadus ei suudaks neid terveks teha – kuna ta ihu on uueks tehtud ja taastatud. Jumal, kes on sama eile, täna ja igavesti (Heebrealastele 13:8), on tegev inimestes, kes usuvad Ta Sõna ja kes paluvad oma usumõõtu mööda ja Ta tervendab eri haigustest, avab pimedate silmad ja tõstab vigased jalule. Igaüks, kes võttis Jeesuse Kristuse vastu, on saanud andestuse kõigi oma pattude eest ja kellest on saanud jumalalaps, peab elama nüüd vabalt.

Vaatleme nüüd lähemalt, miks igaüks meie seast võib elada tervelt, kui me Jeesust Kristust uskuma hakkame.

2. Jeesust piitsutati ja Ta valas oma vere

Enne ristilöömist ja vere valamist piitsutasid rooma sõdurid Jeesust Pontius Pilaatuse õuel. Selle aja rooma sõdurid olid tugeva tervisega, äärmiselt tugevad ja hästi treenitud. Lõppude lõpuks olid nad tol ajal maailma valitseva impeeriumi sõdalased. Piinavat valu, mida Jeesus nende tugevate sõdurite riidest lahti kiskumise ja piitsutamise ajal talus, ei saa sõnadega piisavalt kirjeldada. Iga piitsalöögi ajal keerdus piits Jeesuse ihu ümber ja haaras Ta liha ja Ta ihust tilkus verd.

Miks tuli Jeesust, Jumala Poega, kes oli patuta, süütu ja veatu, nii karmilt piitsutada ja miks pidi Ta valama oma vere meie – patuste eest? Selles sündmuses sisaldub väga sügav vaimne tähendus ja Jumala hämmastav ettehoole.

1. Peetruse 2:24 öeldakse, et me oleme Jeesuse vermete varal terveks saanud. Jesaja 53:5 kirjutatakse, et Tema vermete läbi on meile tervis tulnud. Umbes kahe tuhande aasta eest nuheldi Jumala Poega Jeesust, kes lunastas meid haiguse piinast ja veri, mille Ta valas, oli meie pattude eest, sest me ei elanud Jumala

Sõna järgi. Kui me usume Jeesusesse, keda nuheldi ja kes valas oma vere, oleme me juba oma haigustest vabaks saanud ja tervendatud. See on Jumala hämmastava armastuse ja tarkuse märgiks.

Seega, kui te olete Jumala laps ja haige, parandage oma pattudest meelt ja uskuge, et te olete juba terveks tehtud. Sest *„Usk on loodetava tõelisus, nähtamatute asjade tõendus"* (Heebrealastele 11:1), isegi kui te tunnete valu mõjustatud ihuliikmetes, siis võite te usu läbi öelda: „Ma olen juba terveks tehtud" ja te tervenete varsti.

Algkooli ajal vigastasin ma ühte ribi ja kui see aja jooksul taas juhtus, oli valu nii talumatu, et mul oli raske hingata. Aasta või paar pärast Jeesuse Kristuse vastuvõtmist tuli valu tagasi kui ma püüdsin rasket eset tõsta ja ma ei suutnud enam sammugi astuda. Sellest hoolimata, kuna ma olin kõigeväelise Jumala väge kogenud ja sellesse uskunud, palvetasin ma südamest: „Kui ma end varsti pärast palvet liigutan, siis ma usun, et valu on selleks ajaks kadunud ja ma käin." Kuna ma uskusin vaid oma kõigeväelist Jumalat ja kustutasin valumõtte, võisin ma seista ja kõndida. Tundus, otsekui oleksin ma valu ette kujutanud.

Jeesuse sõnade alusel Markuse 11:24: *„Seepärast ma ütlen teile: Kõike, mida te iganes palves endale palute – uskuge, et te olete saanud, ja see saabki teile!"* kui me oleme juba terveks tehtud, siis me saame tervenemise tõesti oma usumõõdu kohaselt. Aga kui me usume, et me ei ole terveks saanud, kuna valu püsib, ei tervene me haigusest. Teiste sõnadega, ainult siis kui me murrame oma mõttemallist välja, sünnib kõik meie usu kohaselt. Sellepärast ütles Jumal, et lihalik mõtteviis on vaen Jumala vastu (Roomlastele 8:7) ja õhutab meid kõiki mõtteid Kristuse sõnakuulmisesse vangi võtma (2. Korintlastele 10:5). Pealegi on Matteuse 8:17 kirjas, et Jeesus võttis ära meie haigused ja kandis meie tõved. Kui te mõtlete, et te olete nõrk, võite te jääda vaid nõrgaks. Aga hoolimata sellest, kui raske ja kurnatud te ka ei oleks, kui te tunnistate oma huultega: „Kuna mu sees on Jumala vägi ja arm ja kuna Püha Vaim valitseb mind, ma ei ole kurnatud," hääbub kurnatus ja te muutute terveks inimeseks.

Kui me tõesti usume Jeesust Kristust, kes võttis ära meie haigused ja kandis meie tõved, peame me meeles pidama, et me ei pea mingil põhjusel haiguse tõttu kannatama.

3. Kui Jeesus nägi nende usku

Kui me oleme nüüd oma haigusest terveks tehtud Jeesuse vermete läbi, siis on meil vaja usku, mis aitab meil seda uskuda. Tänapäeval tulevad paljud, kes ei usu Jeesust Kristust, oma haigusega Tema ette. Mõned saavad terveks veidi aega pärast Jeesuse Kristuse vastuvõtmist, aga teiste puhul ei ole märgata mingit edasiminekut isegi kuudepikkuse palvetamise järgselt. Viimasesse rühma kuulujad peavad tagasi vaatama ja oma usku uurima.

Uurime Markuse 2:1-12 toodud loo alusel, kuidas halvatu ja ta neli sõpra näitasid oma usku, mis pani Jumala tervendava käe

halvatut haigusest vabastama ja kuidas nad austasid Jumalat.
Kui Jeesus tuli Kapernauma, levisid uudised Tema saabumise kohta kiiresti ja suur rahvahulk kogunes. Jeesus kuulutas neile Jumala Sõna – tõde – ja rahvahulk pani kõike hästi tähele ja ei soovinud ühtegi Jeesuse sõna kahe silma vahele jätta. Just siis tõid neli meest matiga halvatu, aga suure rahvasumma tõttu ei saanud nad halvatut Jeesusele lähemale viia.

Sellest hoolimata nad ei loobunud. Selle asemel läksid nad Jeesuse asukohaks olnud maja katusele, tegid Tema kohale katusesse augu, kaevasid katusest läbi ja lasid halvatu koos matiga, mille peal ta lamas, alla. Kui Jeesus nägi nende usku, ütles Ta halvatule: „Poeg, su patud on andeks antud...tõuse, võta oma voodi ja mine koju" ja halvatu võttis vastu tervenemise, mida ta oli kogu südamest soovinud. Kui ta võttis oma mati ja läks kõigi nähes välja, hämmastusid inimesed seda nähes ja andsid Jumalale au.

Halvatul oli väga tõsine haigus, mistõttu ta ei saanud ise liikuda. Kui halvatu kuulis Jeesusest, kes oli avanud pimedate silmad, pannud jalust vigased püsti tõusma, tervendanud pidalitõbise, ajanud välja deemoneid ja tervendanud palju teisi, kes kannatasid erinevate haiguste tõttu, tahtis ta meeleheitlikult Jeesusega kohtuda. Kuna halvatul oli hea süda, soovis ta Jeesuse asukohta teada saades ja Temast uudiseid kuuldes Jeesusega kohtuda.

Siis ühel päeval kuulis halvatu, et Jeesus oli tulnud Kapernauma. Kas te suudate ette kujutada, kui hea meel tal neid uudiseid kuuldes olla võis? Tõenäoliselt otsis ta sõpru, kes teda aitaksid ja ta sõpradel oli õnneks usk olemas ja nad nõustusid meelsasti oma sõpra aitama. Kuna halvatu sõbrad olid samuti Jeesuse kohta uudiseid kuulnud, nõustusid nad kui nende sõber palus neid kogu südamest end Jeesuse juurde viia. Kui halvatu sõbrad oleksid ta palvet eiranud ja teda naeruvääristanud, öeldes: „Kuidas sa usud niisuguseid asju, kui sa pole neid oma silmaga näinud?", ei oleks nad sõbra aitamise nimel nii palju vaeva näinud. Aga kuna neilgi oli usk, tõid nad oma sõbra mati peal kaasa ja igaüks neist hoidis matti ühest nurgast ning nad nägid isegi vaeva majakatusesse augu valmistamisega.

Kui nad nägid pärast rasket teekonda sinnakogunenud suurt rahvahulka ja ei suutnud sellest läbi minna, et Jeesuse juurde pääseda, siis võisid nad olla väga murelikud ja masendunud. Nad palusid ja tõenäoliselt isegi anusid, et rahvas teeks neile veidi ruumi. Aga suure rahvasumma tõttu ei tehtud neile ruumi ja nad olid meeleheitel. Lõpuks otsustasid nad minna Jeesuse asukohaks oleva maja katusele ja sellesse augu teha ning oma matil lamav sõber sedakaudu Jeesuse ette alla lasta. Halvatu tuli ja kohtus Jeesusega, olles talle lähemal kui ükski teine kokkutulnud rahva seast. Selle loo abil võime me teada saada, kui tõsiselt halvatu ja ta sõbrad soovisid Jeesuse juurde pääseda.

Me peame silmas pidama, et halvatu ja ta sõbrad ei läinud lihtsalt Jeesuse juurde. Tõsiasi, et nad nägid Temaga kohtumiseks nii palju vaeva, olles ise vaid Tema kohta teateid kuulnud, tähendab, et nad uskusid, mida Temast räägiti ja sõnumit, mida Ta õpetas. Sellele lisaks, halvatu ja ta sõbrad ületasid ilmselged raskused ning talusid neid ja tulid jõuliselt Jeesusele lähedale ja näitasid sellega oma alandlikkust, kui nad Tema ette ilmusid. Kui inimesed nägid halvatut ja ta sõpru katusele minemas ja sellesse auku tegemas, võisid nad neid kas halvustada või nende peale vihaseks saada. Võib-olla ei suuda me isegi ette kujutada, missuguse reaktsiooni nende teguviis esile kutsus. Aga neid viit inimest ei võinud mitte miski ega mitte keegi takistada. Kui nad kohtusid Jeesusega, võisid nad pärast halvatu tervekssaamist kas katuse parandada või selle eest kahjutasu maksta.

Aga tänapäeval on paljude tõsiste haiguste käes kannatajatel või nende perekonnal raske oma usku kannatlikult näidata. Selle asemel, et jõuliselt Jeesuse lähedale minna, ütlevad nad kiiresti: „Ma olen väga haige. Ma tahaks minna, aga ma ei saa" või „see ja teine pereliige on nii nõrk, et neid ei saa liigutada." Masendav on näha nii passiivseid inimesi, kes näivad ainult ootavat, millal õun neile õunapuu otsast suhu kukub. Teiste sõnadega – neil inimestel puudub usk.

Kui inimesed tunnistavad oma usku Jumalasse, peab sellega kaasnema tõsidus, mille kaudu nad saavad oma usku näidata. Sest Jumala tööd ei saa kogeda ainult teadmiste vormis vastu võetud ja talletatud usuga. Ainult siis kui usku tegelikult näidata, saab usk elavaks ja Jumala käest saadud vaimse usu vastuvõtmise teel ehitatakse usu alus. Seega, nii nagu halvatu võttis oma usualuselt vastu Jumala tervendustöö, peame ka meie olema targad ja näitama Talle oma usu alustala – usku – et meiegi võiksime elada elu, mille käigus me saame Jumalalt vaimse usu ja kogeme Ta imesid.

4. Su patud on andeks antud

Jeesus kostis nelja sõbra abil Ta ette tulnud halvatule: „Poeg, su patud on sulle andeks antud!" ja lahendas ta patuprobleemi. Jeesus lahendas esiteks Ta juurde usualusega tulnud halvatu patuküsimuse, sest inimene ei saa vastuseid kui tema ja Jumala vahel on patumüür.

Kui me tõesti tunnistame oma usku Jumalasse, öeldakse Piiblis meile, missuguse suhtumisega me Tema ette tulema peame ja kuidas me käituma peame. Kui me kuuletume käskudele nagu: „Tee seda!", „Ära tee!", „Pea sellest kinni!", „Saa sellest lahti!" ja sarnasele, saab ebaõiglasest inimesest õiglane ja valelikust tõene ja aus inimene. Kui me kuuletume tõesõnale, puhastab meie Isanda veri meid patust ja kui me võtame vastu andestuse, tulevad ülevalt Jumala kaitse ja vastused.

Kuna kõigi haiguste põhjuseks on patt, siis pärast patuprobleemi lahendamist saab rajada seisundi, kus Jumala töö saab ilmsiks. Nii nagu lambipirn põleb ja masinavärk töötab siis kui elekter läheb anoodi ja väljub katoodist – kui Jumal näeb inimese usualust, kuulutab Ta andestust ja annab talle ülevalt tulevat usku ning teeb selle läbi ime teoks.

„*Tõuse, võta oma voodi ja mine koju!*" (Markuseuse 2:11) Kui südantsoojendav märkus see on. Jeesus nägi halvatu ja tema nelja sõbra usku ja lahendas patuprobleemi ning halvatu hakkas kohemaid käima. Ta sai pärast pikka sooviaega taas terveks. Samamoodi, kui meie soovime saada lahendust mitte üksnes haigusele, vaid ka kõigile teistele probleemidele, mis meil esineda võivad, peame me esiteks meeles pidama, et meil tuleb vastu võtta andestus ja oma süda puhastada.

Kui inimestel on väike usk, võivad nad otsida oma haigusele lahendust arstiteadusest ja arstidelt, aga kui nende usk kasvab ja nad hakkavad Jumalat armastama ja Tema Sõna alusel elama, ei tungi haigus enam nende sisse. Isegi kui nad haigestuvad, siis saavad nad kohe terveks pärast oma teede vaatlemist ja südamest meeleparandust ja oma patustelt teedelt pöördumist. Ma tean, et paljud teie seast on taolist kogenud.

Natuke aega tagasi diagnoositi mu kogudusevanemal selgroolüli nihe ja äkitselt ei suutnud ta liikuda. Ta vaatas kohe, kuidas ta elanud oli, parandas meelt ja lasi mul palvetada. Jumal tegi kohapeal tervendustöö ja ta sai taas terveks.

Kui ta tütrel oli palavik, taipas lapse ema, et lapse kannatuste algpõhjuseks oli tema keevaline iseloom ja kui ta parandas sellest meelt, sai laps taas terveks.

Jumal saatis maailma Jeesuse Kristuse, et Aadama sõnakuulmatuse tõttu hävingu teel olev inimkond päästa ja lasi Teda meie pärast ristil needust kanda ja puuristile lüüa. Sellepärast on Piiblis kirjas: *„Ilma vere valamiseta ei ole andeksandmist"* (Heebrealastele 9:22) ja *„Neetud on igaüks, kes puu küljes ripub"* (Galaatlastele 3:13).

Nüüd kui me teame, et haiguse probleem seisneb patus, tuleb meil kogu patust meelt parandada ja südamest uskuda Jeesust Kristust, kes lunastas meid igast haigusest ja selle usuga tervelt elada. Paljud vennad kogevad tänapäeval tervenemist, nad tunnistavad Jumala väest ja annavad tunnistust elavast Jumalast.

See näitab, et kes iganes võtab vastu Jeesuse Kristuse ja palub Tema nimel, saab igale haiguse probleemile vastuse. Hoolimata sellest, kui tõsine haigus võib olla, kui inimene usub oma südames Jeesust Kristust, keda piitsutati ja kes valas oma vere, saab Jumala hämmastav tervendustöö ilmsiks.

5. Usk, mis on täiuslik tegude läbi

Nii ngu halvatu sai terveks oma nelja sõbra abil pärast Jeesusele usu näitamist, kui meie tahame oma südamesoovide täitumist näha, tuleb ka meil näidata Jumalale oma usku, millega kaasnevad teod ja mille kaudu rajatakse usualus. Ma selgitan seda lühidalt, et aidata lugejatel „usu" olemusest paremini aru saada.

„Usku", mis on Kristuses elades, võib jagada kahte kategooriasse ja selgitada selle alusel. „Lihalik usk" või „teadmisteusk" tähistab usku, millega usutakse füüsiliste tõendite tõttu ja Sõna vastab inimese teadmistele ja mõtetele. Vastupidi, „vaimne usk" on niisugune usk, mille varal inimene saab uskuda ka siis, kui ta ei näe ja Sõna ei vasta ta teadmistele ja mõtetele.

„Lihaliku usuga" usutakse, et nähtav loodi vaid millestki, mis on samuti nähtav. „Vaimse usuga", mida inimesel ei ole, kui ta liidab usule oma mõtted ja teadmised, usutakse, et nähtavat saab luua nähtamatust. Viimase jaoks on vaja, et inimese teadmised ja mõtted häviksid.

Sünnist saadik salvestatakse igaühe ajus äraarvamatu hulk

teadmisi. Seal salvestuvad nähtud ja kuuldud asjad. Kodus ja koolis õpitud asjad salvestuvad. Eri keskkonnas ja tingimustes õpitud asjad salvestatakse. Aga iga salvestunud teadmine ei ole ilmtingimata tõene, kui miski läheb Jumala Sõna vastu, tuleb see ära heita. Näiteks ta õpib koolis, et iga elusolend on kas lagunenud või arenenud monaadist mitmerakuliseks organismiks, aga Piiblist saab ta teada, et Jumal lõi kõik elusorganismid liikide järgi. Mida ta tegema peaks? Teadus paljastas juba korduvalt evolutsiooniteooria eksijärelduse. Kuidas on võimalik isegi inimliku mõtlemisega arvata, et ahvist sai elusolend ja konn arenes mingisuguseks linnuks sadade miljonite aastate jooksul? Isegi loogika on loomise poolt.

Sarnaselt „lihaliku usu" „vaimseks usuks" muutumisele, kui te vabanete oma kahtlustest, hakkate te usukalju peal seisma. Lisaks, kui te tunnistate oma usku Jumalasse, peate te teadmisena talletatud Sõna praktikasse rakendama. Kui te tunnistate, et te usute Jumalat, peate te näitama, et te olete valguseks ja pühitsete Isanda päeva, armastate oma ligimest ja kuuletute tõesõnale.

Kui Markuse 2. peatüki halvatu oleks koju jäänud, ei oleks ta terveks saanud. Aga kuna halvatu uskus, et ta saab terveks, kui ta Jeesuse ette tuleb ja näitas oma usku iga võimalikku meetodit rakendades ja kasutades, võis ta terveks saada. Isegi kui maja ehitada soovija palvetab vaid: „Isand, ma usun, et see maja ehitatakse valmis," ei valmi maja iseenesest saja ega tuhande palve teel. Sellel inimesel on vaja teha oma osa tööst, valmistada alus, kaevata üles maa, seada püsttoed oma kohtadele ja teha kõike muud; lühidalt, tal on vaja „tegutseda."

Kui kas teie või mõni teie pereliige on haige, uskuge, et Jumal andestab teile ja teeb ilmsiks tervendustöö, kui Ta näeb teie pere iga liiget üksmeelses armastuses, ühtsuses, mida Ta peab usu aluseks. Mõned ütlevad, et kuna iga asja jaoks on oma aeg, on ka tervenemise jaoks oma aeg. Aga pidage meeles, et „õige aeg" on siis, kui inimene rajab usu aluse Jumala ees.

Ma palun Isanda nimel, et te võiksite saada oma haiguse probleemile ja igale muule asjale, mida te palves küsite, vastuse ja austaksite Jumalat!

5. peatükk

Vägi kehavigade tervendamiseks

Ja Jeesus kutsus
oma kaksteist jüngrit enese juurde
ning andis neile meelevalla rüvedate vaimude üle,
neid välja ajada ja parandada kõiki haigusi
ja igasugu nõtrust.

Matteuse 10:1

1. Vägi tõbede ja kehavigade tervendamiseks

Elava Jumala olemasolu tõendamiseks uskmatutele on palju viise ja haigusest tervendamine on üks taolistest meetoditest. Kui inimestel on ravimatud surmaga lõppevad haigused, mille ees arstiteadus on abitu ja nad tervenevad, ei suuda nad enam salata Looja Jumala väge, vaid hakkavad uskuma seda väge ja austavad Teda.

Hoolimata oma rikkusest, võimust, kuulsusest ja teadmistest, ei suuda tänapäeval paljud haigusprobleemile lahendust leida ja on selle tõttu ahastuses. Isegi kui väga paljusid haigusi ei saa ka kõige arenenuma arstiteaduse vormi abil ravida, kui inimesed usuvad kõigeväelist Jumalat ja usaldavad Teda ning annavad haigusprobleemi Tema kätesse, võivad nad terveks saada kõigist ravimatutest ja surmavatest haigustest. Meie Jumal on kõikvõimas ja Tema jaoks ei ole miski võimatu, Ta suudab midagi eimillestki luua, panna kuivanud kepi võsusid ajama ja õitsele (4. Moosese raamat 17:23) ja elustada surnuid (Johannese 11:17-44).

Meie Jumala vägi võib tõepoolest tervendada igasugust tõbe ja haigust. Matteuse 4:23 on kirjas: *„Jeesus rändas läbi kogu Galilea, õpetades nende sünagoogides ja jutlustades evangeeliumi Kuningriigist ning tervendades haigeid ja vigaseid rahva seas"* ja Matteuse 8:17 kirjutatakse: *„Et läheks täide, mida on räägitud prohvet Jesaja kaudu: „Ta on võtnud ära meie haigused ja kandnud meie tõved."""* Neis ridades tuleb lugeda „tõbi", „haigus" ja „ihuhädad".

Siin ei tähista „ihuhädad" suhteliselt kerget haigust nagu

külmetus või nõrkuse tõttu haigestumine. See on ebaloomulik olukord, kus keha funktsioonid, ihuliikmed või organid on halvatud või mandunud kas õnnetuse või vanemate vea või inimese enese vea tõttu. Näiteks need, kes on tummad, kurdid, pimedad, vigased või lastehalvatusega (ehk teiste sõnadega poliomüeliidiga) ja muud haiged – keda inimliku tarkuse abil tervendada ei saa – võib liigitada „ihuhädadeks." Peale õnnetuste või vanemate või inimese enese vigade, nii nagu pimedana sündinud mehe juhtumis Johannese 9:1-3, on inimesi, kellel on ihuhädad, et Jumala au võiks seeläbi ilmsiks saada. Aga niisugused juhtumid on harvad, kuna enamik haigusi sünnib teadmatusest ja inimlikest vigadest.

Kui inimesed parandavad meelt ja võtavad Jeesuse Kristuse vastu, püüdes Jumalasse uskuda, annab Ta neile Püha Vaimu anni. Koos Püha Vaimuga saavad nad ka Jumala lapse õiguse. Kui Püha Vaim on nendega, tervenevad nad, välja arvatud väga ägedad ja tõsised juhtumid, enamikust haigustest. Üksnes Püha Vaimu vastuvõtmine laseb Püha Vaimu tulel nende peale tulla ja nende haavad ära põletada. Pealegi, isegi siis kui kellelgi on väga tõsine haigus, kui ta palub tõsimeelselt usus ja hävitab enda ja Jumala vahelise patumüüri, pöördub patustelt teedelt ja parandab meelt, terveneb ta vastavalt oma usule.

„Püha Vaimu tuli" räägib tuleristimisest, mis leiab aset siis, kui inimene võtab Püha Vaimu vastu ja Jumala silmis on selle näol tegu Tema väega. Siis avanesid Ristija Johannese vaimusilmad ja ta nägi ja kirjeldas Püha Vaimu tuld kui „tuleristseid." Matteuse 3:11 ütles Ristija Johannes: *„Mina* *ristin teid veega, et te meelt parandaksite, aga see, kes tuleb pärast mind, on minust vägevam. Mina ei kõlba tooma Talle jalatseidki. Tema ristib teid Püha Vaimu ja tulega."* Tuleristimine ei esine igal ajal, aga vaid siis, kui inimene saab täis Püha Vaimu. Kuna Püha Vaimu tuli tuleb alati alla, inimese peale, kes täitub Püha Vaimuga, põletab see ära kõik patud ja haigused ja see inimene elab edaspidi tervelt.

Kui tuleristimine põletab ära haiguse needuse, tervenevad inimesed enamikust haigustest; kuid ihuhädasid ei saa ka tuleristsetega ära põletada. Kuidas saadakse siis ihuhädadest terveks?

Kõigist ihuhädadest võib Jumala väe abil terveneda. Sellepärast kirjutatakse Johannese 9:32-33: *„Veel ilmaski pole kuuldud, et keegi oleks avanud pimedalt sündinu silmad. Kui Tema ei oleks Jumala juurest, ei suudaks Ta teha midagi."*

Apostlite teod 3:1-10 on toodud olukord, kus Peetrus ja Johannes, kes olid Jumala väe saanud, aitasid sünnist vigast meest, kes kerjas „Ilusa" nimelise templivärava juures, püsti tõusta. Kui Peetrus ütles talle 6. salmis: *„Hõbedat ega kulda mul ei ole, aga mis mul on, seda ma annan sulle: Jeesuse Kristuse, Naatsaretlase nimel – tõuse ja kõnni!"* ja ta haaras kinni jalutu paremast käest ja otsekohe said selle jalapöiad ja pahkluud tugevaks ning ta hakkas Jumalat kiitma. Kui inimesed nägid meest, kes oli enne jalutu, kõndimas ja Jumalat kiitmas, olid nad imestunud ja kohkunud.

Kui keegi soovib terveks saada, peab tal olema usk, misläbi ta usub Jeesust Kristust. Isegi kui jalutu mees oli vaid kerjus, võis ta terveks saada kui Jumala väe saanud mehed tema eest palvetasid, kuna ta uskus Jeesust Kristust. Sellepärast öeldakse Pühakirjas: *"Ja kuna tema siin, keda te näete ja tunnete, on uskunud Jeesuse nimesse, siis on see nimi teinud ta tugevaks, ja usk, mis tuleb Jeesuse läbi, on talle andnud täie tervise teie kõikide silma all"* (Apostlite teod 3:16).

Matteuse 10:1 me näeme, et Jeesus andis oma jüngritele meelevalla rüvedate vaimude üle, neid välja ajada ja parandada kõiki haigusi ja igasugu nõtrust. Vana Testamendi ajal andis Jumal oma armastatud prohvetitele, kaasa arvatud Moosesele, Eelijale ja Eliisale, väe kehavigade tervendamiseks, apostel Peetrusel ja Paulusel ja ustavatel töötegijatel Stefanosel ja Filippusel oli Jumala vägi.

Kui keegi saab Jumala väe, pole tema jaoks enam midagi võimatut, sest ta võib aidata jalutu jalule, terveks teha lastehalvatuses olijad ja anda neile tagasi käimisvõime, avada kurtide kõrvad ja kurttummade keel vabaks päästa.

2. Eri viisid ihuhädade parandamiseks

1) Jumala vägi tervendas kurttumma mehe.

Markuse 7:31-37 on toodud olukord, kus Jumala vägi tervendab kurttumma. Kui inimesed tõid mehe Jeesuse juurde ja palusid, et Ta paneks oma käe mehe peale, viis Jeesus mehe eemale ja pani oma sõrmed ta kõrva. Siis Ta sülitas ja puudutas mehe keelt. Ta vaatas üles taeva poole ja ütles mehele sügava ohkega: „*Effata!*" *(see on „Avane!")* (34. salm). Mehe kõrvad avanesid kohe, ta keelekütke pääses valla ja ta rääkis korralikult.

Kas Jumal, kes lõi kõik universumis oma Sõna läbi, ei oleks ka seda meest oma Sõnaga tervendada saanud? Miks pani Jeesus oma sõrmed mehe kõrva? Kuna kurt ei kuule heli ja suhtleb viipekeeles, ei oleks see mees olnud suuteline omama usku, mis teistel oli, isegi kui Jeesus oleks kõva häälega rääkinud. Kuna Jeesus teadis, et mehel puudus usk, pani Ta oma sõrmed mehe kõrva, et mees võiks sõrmepuudutuse teel saada tervenemiseks vajalikku usku. Kõige tähtsam osa oli usk, mille kaudu inimene usub oma võimalikku tervenemist. Jeesus oleks võinud mehe oma Sõnaga tervendada, kuid kuna mees ei olnud võimeline kuulma, külvas Jeesus temasse usu ja lasi mehel terveneda niisuguse meetodi kasutamise abil.

Miks siis Jeesus sülitas ja puudutas mehe keelt? See, et Jeesus sülitas, räägib, et mehe tummaksjäämise taga seisis kuri vaim. Kui keegi sülitaks teile näkku ilmse põhjuseta, kuidas te sellesse suhtuksite? See on rüvetumise ja ebamoraalse käitumise märk, mis on inimese iseloomu suhtes täiesti osavõtmatu. Kuna sülitamine sümboliseerib üldiselt lugupidamatust ja halvustamist, sülitas Jeesus ka, et kurja vaimu välja ajada.

1. Moosese raamatus on kirjas, et Jumal needis madu, kes pidi kogu oma eluaja maapõrmu sööma. See tähendab teiste sõnadega, et Jumala needus tabas vaenlast kuradit ja saatanat, kes oli madu ässitanud, et saada saagiks maapõrmust tehtud inimene. Seetõttu on vaenlane kurat üritanud juba Aadama ajast inimest

oma saagiks saada ja otsib iga võimalust inimese piinamiseks ja allaneelamiseks. Nii nagu kärbsed, sääsed ja tõugud elutsevad räpastes kohtades, elutseb vaenlane kurat inimestes, kelle süda on täis pattu, kurja ja ägestumist ja võtab nende mõttemaailma pantvangi. Me peame aru saama, et vaid need, kes Jumala Sõna alusel elavad ja tegutsevad, võivad haigusest terveks saada.

2) Jumala vägi tervendas pimeda.

Markuse 8:22-25 kirjutatakse järgmist:

> *Ja nad tulid Betsaidasse ja Jeesuse juurde toodi pime ja paluti, et Jeesus teda puudutaks. Ja Jeesus haaras kinni pimeda käest, viis ta külast välja ja sülitas ta silmadesse, pani käed ta peale ja küsis temalt „Kas sa näed midagi?" Pime vaatas üles ja ütles: „Ma näen inimesi, sest ma märkan neid nagu puid kõndimas." Seejärel pani Jeesus uuesti käed ta silmadele ja ta sai täiesti terveks ja nägi kõike selgesti.*

Kui Jeesus palvetas pimeda eest, sülitas Ta mehe silmadele. Miks pime ei hakanud nägema kui Jeesus tema eest esimest korda palvetas, vaid pärast seda kui Jeesus tema eest teistkordselt palvetas? Jeesus oleks oma väega mehe täiesti terveks teha saanud, aga kuna mehel oli vähe usku, palvetas Jeesus tema eest teistkordselt ja aitas tal usku saada. Sellega õpetab Jeesus meile, et kui mõned inimesed ei saa esimese palvekorraga terveks, peaksime me niisuguste inimeste eest palvetama kaks, kolm ja isegi neli korda, kuni ususeeme, mille läbi nad oma tervenemist uskuma hakkavad, saab istutatud. Jeesus, kellele ei olnud midagi võimatut, palvetas korduvalt, kui Ta teadis, et pime ei saanud oma usu läbi terveks. Mida peaksime meie tegema? Kui me anume ja palvetame enam, peaksime me vastu pidama, kuni me saame terveks.

Johannese 9:6-9 on pimedana sündinud mees, kes sai terveks pärast seda kui Jeesus sülitas maha, segas sülje mudaga ja pani mehe silmade peale muda. Miks Jeesus tervendas mehe, maha sülitades ja sülge mudaga segades mehe silmade peale muda pannes? Sülg ei tähista siin midagi ebapuhast; Jeesus sülitas maha, et ta võiks sülge mudaga segada ja seda siis pimeda silmade peale panna. Jeesus segas muda süljega ka seetõttu, et vett ei olnud palju saada. Paisete või paistetuse tekkimise korral või laste putukahammustuse puhul panevad vanemad sageli armastaval moel oma sülge haava peale. Me peaksime mõistma nõrkadel inimestel erinevate vahenditega usku saada aitava Isanda armastust.

Kuna Jeesus pani pimeda silma muda, tundis mees silmades muda ja sai usu, mille kaudu ta võis terveneda. Pärast seda kui Jeesus andis vähese usuga pimedale mehele usu, avas Ta oma väega mehe silmad.

Jeesus ütleb: *„Te usute mind ainult siis, kui näete tunnustähti ja imetegusid"* (Johannese 4:48). Tänapäeval on võimatu aidata inimestel niisugust usku omandada, mille abil nad võiksid uskuda vaid Piiblisse kirjapandud Sõna, kui nad ei näe tervenemisimesid ja imetegusid. Ajastul, mil teadus ja inimteadmised on tohutult edasi arenenud, on äärmiselt raske omada vaimset usku, millega uskuda nähtamatut Jumalat. Me oleme sageli kuulnud ütelust: „usun, kui näen." Sarnaselt, kuna inimeste usk kasvab ja tervendustöö sünnib kiiremini kui nad näevad käegakatsutavaid tõendeid, mis tunnistavad elavast Jumalast, on „imetähed ja imeteod" absoluutselt vajalikud.

3) Jumala vägi tervendas vigase.

Sel ajal kui Jeesus kuulutas häid sõnumeid ja tervendas inimesi, kellel olid igasugused haigused ja tõved, sai Jumala vägi ilmsiks ka Ta jüngrite läbi.

Kui Peetrus andis jalust vigasele kerjusele käsu: *„Jeesuse Kristuse, Naatsaretlase nimel – tõuse ja kõnni!"* (6. salm) ja haaras kinni jalutu paremast käest, said mehe jalapöiad ja pahkluud otsekohe tugevaks ning ta hüppas püsti ja kõndis (Apostlite teod 3:6-10). Kui kogu rahvas nägi Peetruse läbi Jumala väe saamise järgselt ilmsiks saanud imetegusid ja tunnustähti, kasvas Isandasse uskujate hulk veelgi. Nad tõid isegi haiged tänavatele ja panid nad voodite ja mattide peale, et Peetruse möödudes vähemalt tema varigi langeks mõne peale neist. Ka Jeruusalemma ümbruse linnade rahvas tuli kokku, tuues haigeid ja rüvedatest vaimudest vaevatuid, kes kõik said terveks (Apostlite teod 5:14-16).

Apostlite tegudes 8:5-8 kirjutatakse: *„Filippus tuli ühte Samaaria linna ja kuulutas rahvale Kristust. Rahvahulk pani üksmeelselt tähele, mida Filippus ütles, kuuldes teda* *ning nähes tunnustähti, mida ta tegi. Sest paljudest, kel olid rüvedad vaimud, läksid need välja valju häälega kisendades, palju halvatuid ja jalutuid aga sai terveks."*

Apostlite tegudes 14:8-12 kirjutatakse jalust vigasest mehest, kes oli sünnist saadik lombakas ja kes ei olnud kunagi kõndinud. Pärast seda kui ta oli kuulanud Pauluse sõnumit ja omandanud usu, mille kaudu ta võis pääsemise vastu võtta, hüppas mees otsekohe püsti kui Paulus andis talle käsu: *"Tõuse püsti!"* (10. salm) ja hakkas käima. Need, kes toda juhtumit pealt nägid, väitsid, et: *"Jumalad on meie juurde maa peale inimkujul tulnud!"* (11. salm)

Apostlite tegudes 19:11-12 kirjutatakse, et: *"Ja Jumal tegi iseäralikke vägevaid tegusid Pauluse käte läbi, nii et ka tema naha pealt võetud higirätikuid ja põlled viidi haigete peale ja tõved lahkusid neist ning kurjad vaimud läksid välja."* Kui hämmastav ja imeline on Jumala vägi?

Jumala vägi ilmneb ka täna nende inimeste läbi, kelle süda on pühitsetud ja kelle armastus on täielik nii nagu Peetrusel, Paulusel ja diakonidel Filippusel ja Stefanosel. Kui inimesed tulevad Jumala ette usuga, soovides saada oma tõbedest terveks, võivad nad terveks saada kui nende eest palvetavad jumalasulased, kelle läbi Ta töötab.

Manmini rajamisest saadik on elav Jumal lasknud mu kaudu ilmsiks saada erinevatel tunnustähtedel ja imetegudel, istutanud usu koguduseliikmete südamesse ja toonud suure äratuse.

Kord oli üks naine, kelle alkohoolikust abikaasa kohtles teda halvasti. Kui ta optilised närvid muutusid halvatuks ja arstid ei andnud talle enam pärast tõsist väärkohtlemist lootust, kuulis naine Manminist ja tuli sinna. Kui ta osales usinalt koosolekutel ja palus kogu südamest tervenemist, palvetasin ma ta eest ja sai nägemise tagasi. Jumala vägi tervendas täielikult optilised närvid, mis näisid kunagi püsivalt kahjustatud olevat.

Teisel korral oli ühel mehel tõsine vigastus, ta selgroog oli kaheksast kohast puruks muljutud. Kuna ta alakeha oli halvatud, kavatseti ta jalad ära amputeerida. Kui ta Jeesuse Kristuse vastu võttis, ei tulnud ta jalgu enam amputeerida, aga ta pidi ikkagi karkudega käima. Siis hakkas ta Manmini palvekeskuses käima ja veidi hiljem, reedeöise koosoleku ajal viskas ta pärast mu palvet kargud ja hakkas kahe jala peal käima ning on sellest ajast saadik olnud evangeeliumi kuulutaja.

Jumala vägi võib tervendada täielikult ihuhädad, mida arstiteadus ei suuda ravida. Johannese 16:23 lubas Jeesus: *"Ja sel päeval ei küsi te minult enam midagi. Tõesti, tõesti, ma ütlen teile, mida te iganes palute Isalt, seda Ta annab teile minu nimel."* Ma palun Isanda nimel, et te usuksite Jumala hämmastavat väge ja tahaksite seda kogu südamest saada, et te saaksite kõigile haigusprobleemidele lahenduse ja saaksite sõnumitoojaks, kes kuulutab häid sõnumeid elavast ja kõikvõimsast Jumalast!

6. peatükk

Meetodid deemonitest seestumisest tervenemiseks

Ja kui nad olid koju tulnud,
küsisid Ta jüngrid Temalt omavahel olles:
„Miks meie ei suutnud seda välja ajada?"
Ja Jeesus ütles neile:
„See tõug ei lähe välja millegi muu kui palvega."

Markuseuse 9:28-29

1. Viimastel päevadel muutub armastus külmaks

Kaasaja teadusliku tsivilisatsiooni areng ja tööstuslik progress on toonud endaga materiaalse rikkuse ja võimaldanud inimestele suuremat mugavust ja kasu. Samal ajal tekitasid need kaks tegurit inimeste võõrandumist, ülevoolavat isekust, reetmist ja alaväärtuskompleksi, sest armastus väheneb, kuna aga mõistmist ja andestust on raske leida.

Matteuse 24:12 kuulutatu alusel: *„Ja kui ülekohus võtab võimust, jahtub paljude armastus,"* kurjuse kasvu ja armastuse jahtumise ajal on meie ühiskonna üks tõsisemaid probleeme närvivapustusega ja skisofreeniahaigete inimeste arvu suurenemine.

Vaimuhaiglates isoleeritakse paljud patsiendid, kes ei suuda normaalset elu elada, aga neile ei ole veel leitud sobivat ravi. Kui aastatepikkune ravi ei anna mingit tulemust, väsivad perekonnad ja paljudel juhtudel ignoreeritakse patsiente või hüljatakse nad nagu orvud. Need patsiendid elavad perest eemal ja on ilma perekonnata ning ei suuda tavaliste inimeste kombel funktsioneerida. Kuigi nad vajavad oma lähedaste tõelist armastust, ei näita väga paljud niisuguste inimeste vastu armastust üles.

Piiblis on kirjas palju juhtumeid, kus Jeesus tegi terveks deemonite meelevallas olevad inimesed. Miks on neist Pühakirjas kirjutatud? Ajastu lõpu lähenedes jahtub armastus ja saatan piinab inimesi, põhjustades vaimuhaigusi ja võttes neid kuradi lasteks. Saatan piinab, teeb haigeks, toob segaduse ja määrib inimeste meeli patuga. Kuna ühiskond on patust ja kurjast läbi imbunud, on inimesed varmad tundma kadedust, tülitsema, vihkama ja tapma. Lõpuaja päevade lähenedes peavad kristlased suutma tõde valest eristada, oma usku valvama ja elama füüsiliselt ja vaimselt tervet elu.

Vaatleme, miks saatan ässitab ja piinab ja miks on tänapäeva ühiskonna teadusliku tsivilisatsiooni suure progressi ajal üha rohkem inimesi, kes on saatana ja deemonite meelevallas ning kannatavad vaimuhaiguste tõttu.

2. Saatana valdusse sattumise protsess

Igaühel on südametunnistus ja suurem osa inimestest käitub ja elab südametunnistuse kohaselt, aga igaühe südametunnistuse standard ja selle tagajärjed on erinevad. See on nii, kuna igaüks on sündinud ja kasvanud eri keskkondades ja tingimustes ja on näinud, kuulnud ja õppinud vanemate käest, kodust ja koolist erinevaid asju ja on talletanud erinevat infot.

Teisalt räägib Jumala Sõna, mis on Tõde: *„Ära lase kurjal võitu saada enese üle, vaid võida sina kuri heaga"* (Roomlastele 12:21) ja õhutab meid: *„Aga mina ütlen teile: Ärge pange vastu inimesele, kes teile kurja teeb, vaid kui keegi lööb sulle vastu paremat põske, keera talle ka teine ette!"* (Matteuse 5:39). Kuna Sõnas õpetatakse armastust ja andestust, areneb neis, kes seda usuvad, „kaotus on võit" laadi otsustusstandard. Teisalt, kui inimene on õppinud, et ta peaks löömise puhul samaga vastama, saab ta otsustusvõime, mis määrab ära, et vastupanu on vapper tegu, aga vastupanu vältimine argpükslik. Kolm tegurit – igaühe otsustusstandard ja see, kas inimene elas õiglaselt või ebaõiglaselt ning kui palju ta maailmaga kompromissi tegi – moodustab eri inimeste erineva südametunnistuse.

Kuna inimesed on erinevalt elanud ja nende südametunnistus on seetõttu erinev, kasutab Jumala vaenlane saatan inimestes kurje mõtteid elavdades ja neid pattu tegema ässitades seda, et peibutada inimesi nende patuloomuse kohaselt elama, mis on õigsuse ja hea vastu.

Inimeste südames on konflikt Püha Vaimu soovi vahel, mille järgi nad elavad Jumala Seaduse kohaselt ja patuloomuse soovi vahel, mis paneb inimesed lihahimusid taotlema. Sellepärast õhutab Jumal meid Galaatlastele 5:16-17: *„Ma tahan öelda: Käige Vaimus, siis te ei täida lihalikke himusid. Sest lihalik loomus himustab Vaimu vastu ja Vaim lihaliku vastu, need on teineteise vastased, nii et teie ei saa teha seda, mida tahaksite."*

Kui me elame Püha Vaimu soovi alusel, pärime me jumalariigi; kui me järgime patuloomuse ihasid ja ei ela Jumala Sõna alusel, me ei päri jumalariiki. Sellepärast Jumal andis meile järgneva hoiatuse, mis on Galaatlastele 5:19-21:

> *Lihaliku loomuse teod on ilmsed, need on: hoorus, rüvedus, kõlvatus, ebajumalateenistus, nõidus, vaen, riid, kiivus, raevutsemine, isemeelsus, lõhed, lahknemised, kadetsemine, purjutamised, prassimised ja muu sarnane, mille eest ma teid hoiatan, nagu ma*

varemgi olen hoiatanud, et need, kes midagi niisugust teevad, ei päri Jumala riiki.

Kuidas siis inimesed sattuvad deemonite valdusse?

Saatan õhutab lihaliku loomusega täidetud inimese südames ta patuloomuse soove. Kui ta ei suuda oma mõtteid valitseda ja teeb patuloomuse tegusid, koguneb ta südamesse süütunne ja ta süda muutub veelgi kurjemaks. Kui niisugused patuloomuse teod kogunevad, ei suuda inimene end lõpuks enam valitseda ja teeb selle asemel asju, mida saatan teda tegema õhutab. Öeldakse, et niisugune inimene on saatana „valduses."

Oletagem näiteks, et mingile laisale inimesele ei meeldi töötada, selle asemel eelistab ta joomist ja ajaraiskamist. Saatan ässitab niisugust inimest ja valitseb ta mõtteid, et ta jooks edasi ja raiskaks oma aega, tundes, et töötegemine on koormav. Saatan sunnib teda ka eemalduma headusest, mis on tõde ja röövib tema energiat, et ta elu ei saaks areneda ning muudab ta teovõimetuks ja kasutuks inimeseks.

Kui ta elab ja käitub saatana mõtete kohaselt, ei suuda see inimene saatana eest pageda. Pealegi, kui ta süda muutub üha kurjemaks ja ta on end juba kurjade mõtete meelevalda andnud, selle asemel, et oma südant valitseda, teeb ta kõike, mis on talle meelepärane. Kui ta tahab vihaseks saada, vihastub ta oma meeleheaks; kui ta tahab tapelda või vaielda, võitleb ja vaidleb ta nii palju kui talle meeldib ja kui ta tahab juua, ei suuda ta end joomast tagasi hoida. Kui see koguneb, ei suuda ta teatud hetkest enam oma mõtteid ega südant valitseda ja leiab, et kõik läheb ta tahte vastaselt. Pärast seda protsessi sattub ta deemonite meelevalda.

3. Deemonliku seestumise põhjused

On kaks peapõhjust, mis lasevad saatanal inimest ässitada ja annavad hiljem inimese deemonite meelevalda.

1) Vanemad

Kui vanemad jätsid Jumala ja kummardasid ebajumalaid, mis oli Jumala arvates põlastusväärne ja vastik või kui nad tegid midagi erakordselt kurja, siis kurjade vaimude väed tungivad märkamatult nende lastesse ja kui see tähelepanuta jääb, sattuvad lapsed deemonite valdusse. Sel juhul peavad vanemad Jumala ette tulema ja oma pattudest põhjalikult meelt parandama, pöörduma oma patustelt teedelt ja anuma Jumalat oma laste eest. Jumal näeb siis vanemate südamepõhja ja teeb ilmsiks tervendustöö, vallandades ebaõigluse kütked.

2) Inimene ise

Hoolimata vanemate pattudest võib inimene sattuda deemonite valdusse ka oma vale tõttu, mille alla kuulub kurjus, uhkus ja sarnane. Kuna inimene ei saa ise palvetada ega meelt parandada, võivad ebaõigluse kütked vallanduda pärast seda kui jumalasulane ta eest palvetab. Kui deemonid aetakse välja ja inimene tuleb mõistusele, tuleb talle õpetada Jumala Sõna, et ta kunagi patust ja kurjusest läbi imbunud süda pühitaks puhtaks ja saaks tõesüdameks.

Seetõttu, kui keegi pereliige või sugulane on deemonite meelevallas, tuleb peres määrata keegi, kes selle inimese eest palvetaks. See on vajalik, kuna deemonite meelevallas oleva inimese süda ja mõttemaailm on deemonite valitsuse all ja ta ei suuda enam midagi oma tahte kohaselt teha. Ta ei suuda enam palvetada ega tõesõna kuulata; ta ei saa seega tõe alusel elada. Sellepärast peab kas kogu perekond või kasvõi vaid üks pereliige tema eest armastuse ja kaastundega palvetama, et pere deemonite meelevallas olev inimene võiks edaspidi usus elada. Kui Jumal näeb perekonna pühendumist ja armastust, teeb Ta tervendustöö. Jeesus ütles, et me armastaksime oma ligimest kui iseennast (Luuka 10:27). Kui me ei suuda oma deemonite meelevallas oleva pereliikme eest palvetada ja selleks pühenduda, siis kuidas me saaksime oma ligimesi armastada?

Kui deemonite meelevallas oleva inimese perekond ja sõbrad teevad kindlaks probleemi põhjuse, parandavad meelt ja palvetavad usus Jumala väesse, siis pühenduvad armastusega ja istutavad ususeemne, aetakse deemonlikud väed minema ja nende lähedased muutuvad tõeinimesteks, keda Jumal deemonite eest varjab ja kaitseb.

4. Deemonite valduses olevate inimeste tervendusviisid

Paljudes kohtades Piiblis on kirjas lood inimestest, kes olid deemonitest seestunud. Vaatleme, kuidas nad terveks said.

1) Te peate deemonite väed eemale tõrjuma.
Markuse 5:1-20 kirjutatakse mehest, kellel oli rüve vaim. 3.-4. salmis tuuakse mehe kohta selgitusi: *„Kelle eluase oli hauakambrites ja keda keegi polnud iial saanud isegi ahelatega kinni pidada, sest meest oli küll korduvalt pandud jalaraudu ja ahelaisse, aga iga kord oli ta rebinud katki kõik ahelad oma küljest ja purustanud jalarauad, ning keegi ei suutnud teda taltsutada."* Samuti kirjutatakse Markuse 5:5-7: *„Ööd ja päevad läbi viibis ta haudades ja mägedel, karjus ja tagus end kividega. Ja nähes kaugelt Jeesust, jooksis ta ja kummardas Tema ette maha ja kisendas valju häälega: „Mis on mul Sinuga asja, Jeesus, Kõigekõrgema Jumala Poeg? Ma anun Sind Jumala nimel, ära piina mind!""*

Seda ütles ta vastuseks Jeesuse käsule: *„Rüve vaim, mine sellest inimesest ära!"* (8. salm) See sündmus näitab, et isegi kui inimesed ei teadnud, et Jeesus oli Jumala Poeg, teadsid rüvedad vaimud täpselt, kes Jeesus oli ja missugune vägi Tal oli.

Jeesus küsis siis: *„Mis su nimi on?"* ja deemonite poolt seestunu vastus oli: *„Leegion on mu nimi, sest meid on palju"* (9. salm). Nad anusid Jeesust väga, et Ta ei saadaks neid välja sealt maalt ja siis palusid Teda, et ta saadaks neid sigadesse. Jeesus ei küsinud nime, otsekui poleks Ta seda juba teadnud; Ta küsis deemoni nime kohtunikuna, kes küsitleb ebapuhast vaimu. Pealegi tähendab „Leegion", et suur arv deemoneid hoidis meest pantvangis.

Jeesus lasi „Leegionil" minna seakarja, mis sööstis järsakult järve ning uppus. Kui deemoneid välja ajada, tuleb seda teha tõesõnaga, mida sümboliseerib vesi. Kui inimesed nägid meest, keda ei saanud enne inimväega kinni hoida, täiesti tervena, istuvat rõivastatult ja selge aruga, lõid nad kartma.

Kuidas me peaksime deemoneid täna välja ajama? Nad tuleb Jeesuse Kristuse nimel ajada välja vette, mis sümboliseerib Sõna või tulle, mis sümboliseerib Püha Vaimu, et nende vägi kaoks. Aga kuna deemonid on vaimolendid, aetakse nad välja siis, kui inimene, kellel on deemonite väljaajamise jaoks vägi, palvetab nende eest. Kui usuta inimene püüab deemoneid välja ajada, halvustavad või pilkavad deemonid seda inimest. Seega peab deemonite poolt seestunu tervendamiseks palvetama tema eest jumalamees, kellel on vägi deemonite väljaajamiseks.

Aga vahel ei saa deemoneid välja ajada ka siis kui jumalamees ajab need välja Jeesuse Kristuse nimel. See on nii, kuna deemonitest seestunu pilkas Jumalat või rääkis Püha Vaimu vastu (Matteuse 12:31; Luuka 12:10). Tervenemine ei saa ilmsiks mõnede deemonitest seestunute puhul, kui nad pärast tõetunnetusele tulemist tahtlikult edasi patustavad (Heebrealastele 10:26).

Lisaks kirjutatakse Heebrealastele 6:4-6: *„On ju võimatu*

neid, kes kord on olnud valgustatud, kes on maitsnud taevast andi ja saanud osa Pühast Vaimust, kes on kogenud Jumala head sõna ja tulevase ajastu vägesid ning ometi ära taganenud – neid on võimatu uuendada jälle meeleparanduseks, sest et nad iseendi kahjuks löövad Jumala Poja risti ja teevad Ta naeruks."

Nüüd kui me oleme seda teada saanud, peame me end valvama, et me ei teeks kunagi patte, mida meile ei andestata. Me peame eristama tões, kas keegi, kes on deemonitest seestunud, saab või ei saa palve läbi terveks.

2) Relvastuge Tõega.

Kui deemonid on inimestest välja aetud, peavad inimesed oma südame elu ja tõega täitma, lugedes usinalt Jumala Sõna, kiites ja palvetades. Isegi kui deemonid aetakse välja, kui inimesed elavad patus edasi ja ei relvastu tõega, naasevad väljaaetud deemonid ja sel korral on nendega kaasas veelgi kurjemad deemonid. Pidage meeles, et inimeste olukord muutub siis palju hullemaks, kui esimesel korral, kui deemonid neisse sisenesid.

Matteuse 12:43-45 räägib Jeesus järgmist:

> Kui rüve vaim on inimesest välja läinud, käib ta põuaseid paiku pidi, hingamist otsides ega leia seda. Siis ta ütleb; „Ma pöördun tagasi oma majja, kust ma välja tulin." Ja tulles leiab ta selle tühja olevat ning puhtaks pühitud ja ehitud. Siis ta läheb ja võtab enesega kaasa teist seitse vaimu, kes on kurjemad

temast endast, ja nad tulevad ning asuvad sinna elama, ja selle inimese viimne lugu läheb pahemaks kui esimene. Nõnda sünnib ka sellele kurjale sugupõlvele!

Deemoneid ei saa hooletult välja ajada. Pealegi, kui deemonid välja aetakse, peavad endise seestunu sõbrad ja perekond saama aru, et selle inimese eest tuleb nüüd veelgi suurema armastusega hoolitseda kui varem. Nad peavad hoolitsema tema eest pühendumise ja ohvrimeelsusega ja relvastama ta tõega, kuni ta saab täiesti terveks.

5. Kõik on võimalik sellele, kes usub

Markuse 9:17-27 tuuakse lugu, kus Jeesus tervendab isa usku nähes tema poja, kes oli temalt kõnevõime röövinud vaimu meelevallas ja kes kannatas epilepsia all. Vaatleme lühidalt, kuidas poeg sai terveks.

1) Pere peab oma usku näitama.

Kõnealune poiss, kellest oli juttu Markuse 9. peatükis, oli deemonite valdusse sattumise tõttu lapsepõlvest saadik kurttumm olnud. Ta ei saanud ühestki sõnast aru ja temaga ei olnud võimalik suhelda. Pealegi, oli raske kindlaks määrata, millal ja kus epilepsia sümptomid esineda võisid. Isa oli seetõttu alati hirmus ja piina ja elulootuse kaotanud.

Siis kuulis isa Galilea mehest, kelle kaudu olid ilmsiks saanud surnute elustamisimed ja tervenemine igasugustest tõbedest. Mehe ahastusest tungis läbi lootusekiir. Isa uskus, et kui need teated olid õiged, võis see galilealane ka tema poja terveks teha. Hea õnne otsingul tõi isa oma poja Jeesuse ette ja ütles Talle: *„Aga kui sa midagi võid – tunne meile kaasa ja aita meid!"* (Markuse 9:22).

Jeesus kuulis isa tõsist palvet ja kostis: *„Kui sa võid! Kõik on võimalik sellele, kes usub"* (23. salm) ja Ta noomis isa ta vähese usu pärast. Isa kuulis teateid, aga ei uskunud neid oma südames. Kui isa oleks olnud teadlik, et Jeesus oli Jumala Pojana kõikvõimas ja Tõde ise, poleks ta öelnud: „Kui." Jeesus ütles isa ta „vähese usu" tõttu noomides: „Kui sa võid!", et õpetada meile, et täieliku usuta ei ole võimalik Jumalale meelepärane olla ega vastuseid saada.

Usku võib üldiselt jagada kaheks. „Lihaliku usu" või „teadmisteusuga" võib uskuda nähtavat. Usk, millega usutakse ilma silmaga nägemata, on „vaimne usk", „tõeline usk", „elav usk" või „usk tegudes." Niisugune usk võib luua midagi eimillestki. Piibellik „usu" määratlus on: *„Usk on loodetava tõelisus, nähtamatute asjade tõendus"* (Heebrealastele 11:1).

Kui inimestel on haigused, mida on inimlikult võimalik ravida, võivad nad terveneda kui Püha Vaimu tuli põletab nende haigused ära kui nad näitavad oma usku ja on täis Püha Vaimu. Kui usuelus algaja haigestub, võib ta terveks saada kui ta avab oma südame, kuulab Sõna ja näitab oma usku. Kui täiskasvanud kristlane, kellel on usk, haigestub, võib ta terveks saada, kui ta

pöördub oma teedelt meeleparanduse läbi.
Kui inimestel on haigused, mida arstiteaduse abil ravida ei saa, peavad nad seega suuremat usku näitama. Kui täiskasvanud, usuga kristlane, haigestub, võib ta terveks saada kui ta avab oma südame, parandab südame lõhkikäristamise teel meelt ja palvetab südamest. Kui vähese usuga või ilma usuta inimene haigeks jääb, ei tervene ta enne kui ta saab usku ja tervendustöö saab ilmsiks, kooskõlas ta usu kasvuga.
Füüsilise puudega inimeste väärarenguga ihu ja pärilikke haigusi saab tervendada vaid Jumala imedega. Seega peavad nad üles näitama Jumalale pühendumist ja usku, millega nad Teda armastavad ja Talle meeltmööda on. Ainult siis tunnustab Jumal nende usku ja tervenemine saab ilmsiks. Kui inimesed näitavad, et neil on tuline usk Jumalasse – nii nagu Bartimeus hüüdis südamest Jeesust (Markuse 10:46-52), nii nagu väeülem näitas Jeesusele oma suurt usku (Matteuse 8:5-13) ja nii nagu halvatu ja ta neli sõpra näitasid oma usku ja pühendumist (Markuse 2:3-12) – annab Jumal neile tervise.
Samamoodi, kuna inimesed, kes on deemonite meelevallas, ei saa terveks Jumala tööta ja ei suuda oma usku näidata, peavad nende pere muud liikmed uskuma kõigeväelist Jumalat ja Tema ette tulema, et taevast tervenemist tuua.

2) Inimestel peab olema usk, millega uskuda.
Jeesus noomis esialgu deemoni meelevallas oleva poja isa, kuna tal oli vähe usku. Kui Jeesus ütles sellele mehele kindlalt: *„Kõik on võimalik sellele, kes usub"* (Markuse 9:23), tunnistas

isa positiivselt: „Ma usun." Aga ta usk oli piiratud ta teadmistega. Sellepärast anus isa Jeesust: „*Aita mind mu uskmatuses!*" (Markuse 9:24). Kui Jeesus kuulis isa palvet, kelle siirast südant, südamest palvet ja usku Ta teadis, andis Ta isale usu, millega ta võis uskuda.

Samamoodi võime meie Jumalat appi hüüdes saada usu, millega me võime uskuda ja sellise usuga oleme me võimelised oma probleemidele vastused saama ja „võimatu" saab „võimalikuks."

Kui isa sai usu, millega ta võis uskuda, lahkus kuri vaim pojast kisendades kui Jeesus käskis: „*Sina keeletu ja kuri vaim, ma käsin sind, mine temast välja ja ära tule kunagi enam tema sisse!*" (Markuse 9:25-27). Kui isa palus oma suu sõnadega usku, millega ta oleks võinud uskuda ja soovis Jumala vahelesekkumist – ka pärast seda kui Jeesus teda manitses – tegi Jeesus ilmsiks hämmastava tervendustöö.

Jeesus vastas ja andis täie tervenemise ka isa pojale, kes oli temalt kõnevõime röövinud vaimu valduses olnud ja kellel oli epilepsia, mistõttu ta kukkus sageli, ajas suust vahtu välja, krigistas hambaid ja kangestus. Kas Ta siis ei võimaldaks neile, kes usuvad Jumala väge, millega kõik on võimalik ja kes elavad Tema Sõna alusel, kõike head käekäiguks ja tervelt elamiseks?

Varsti pärast Manmini rajamist külastas kogudust noormees Gang-woni provintsist, kuna ta oli kogudusest kuulnud. Noormees arvas, et teenis Jumalat ustavalt pühapäevakooli õpetajana ja kooriliikmena. Aga kuna ta oli äärmiselt uhke ja ei vabanenud oma südames olevast kurjusest, vaid lasi sinna selle asemel hoopis patul koguneda, kannatas noormees oma ebapuhtasse südamesse sisenenud ja seal viibima hakanud deemoni tõttu. Tervendustöö sai ilmsiks ta isa tõsise palve ja pühendumise kaudu. Pärast deemoni päritolu määramist ja selle palve läbi välja ajamist vahutas noormehe suu, ta kukkus selili ja ta suust tuli hirmsat haisu. Pärast seda juhtumit uuenes noormehe elu, kui ta relvastus Manminis tõega. Täna teenib ta ustavalt oma kogudust Gang-wonis ja austab Jumalat, jagades oma tervenemistunnistuse armu arvukatele inimestele.

Ma palun Isanda nimel, et te mõistaksite, et Jumala tööl on piiramatu ulatus ja et see teeb kõik võimalikuks, seega, kui te otsite Jumalat palves, ei saa teist vaid õnnistatud jumalalaps, vaid ka Ta kallis püha, kelle elus läheb kõik alati hästi!

7. peatükk

Pidalitõbise Naamani usk ja sõnakuulelikkus

Siis tuli Naaman oma hobuste
ja vankritega ja peatus Eliisa koja ukse ees.
Ja Eliisa läkitas käskjala temale ütlema:
„Mine ja pese ennast Jordanis seitse korda,
siis paraneb su ihu ja sa saad puhtaks!"
Siis ta läks alla ja kastis ennast seitse korda Jordanisse,
jumalamehe sõna peale:
tema ihu paranes väikese poisi ihu sarnaseks
ja ta sai puhtaks.

2. Kuningate raamat 5:9-10; 14

1. Pidalitõbine väejuht Naaman

Me kohtume oma eluaja jooksul suuremate ja väiksemate probleemidega. Aeg-ajalt seisame me silmitsi probleemidega, mis on inimvõimetest suuremad. Iisraeli põhjaosas oli Aramimaal Naamani nimeline väepealik. Tema juhatusel võitis Süüria sõjavägi kõige kriitilisemal hetkel võidu. Naaman armastas oma maad ja teenis ustavalt kuningat. Isegi kui kuningas pidas Naamanist väga lugu, oli väepealik ahastuses saladuse tõttu, mida keegi teine ei teadnud. Miks ta tundis meelehärmi? Naaman ei piinelnud rikkuse ega kuulsuse puudumise tõttu. Naaman piinles ja polnud õnnelik, kuna tal oli pidalitõbi, ravimatu haigus, mida tolle aja arstiteadus ei suutnud ravida.

Naamani eluajal peeti pidalitõbiseid ebapuhasteks. Neid sunniti elama isolatsioonis, väljaspool linnapiire. Naamani kannatused olid veelgi talumatumad, kuna haigusega kaasnesid lisaks valule ka muud probleemid. Pidalitõve sümptomite hulka kuulusid ihu peal olev lööve, mida oli eriti palju näo peal, käte ja jalgade väliskülgedel ning jalapöidadel ja samuti meelte mandumine. Tõsistel juhtudel kukkusid küljest ära kulmud, sõrmeküüned ja varbaküüned ja üleüldine väljanägemine muutus tontlikuks.

Siis ühel päeval kuulis Naaman, kellel oli ravimatu haigus ja kes ei suutnud elust rõõmu tunda, häid uudiseid. Ta naist teeniva Iisraelis vangi võetud noore tüdruku sõnul oli Samaarias prohvet, kes võis Naamani pidalitõvest tervendada. Kuna Naaman ei saanud ise mingil moel terveneda, rääkis ta kuningale oma haigusest ja mida ta oli teenijatüdrukult kuulnud. Kui kuningas kuulis, et ta ustav väepealik võis Samaaria prohveti juurde minnes pidalitõvest terveneda, aitas ta Naamanit igati ja kirjutas Naamani eest isegi Iisraeli kuningale kirja.

Naaman läks Iisraeli kümne talendi hõbeda, kuue tuhande seekli kulla ja kümne pidurüüga ning kuninga kirjaga, kuhu oli kirjutatud: *„Kui nüüd see kiri jõuab sinu kätte, vaata, siis olen ma läkitanud sinu juurde oma sulase Naamani, et sa teeksid ta pidalitõvest terveks"* (6. salm). Sel ajal oli Süüria Iisraelist tugevam riik. Kui Iisraeli kuningas luges Süüria kuninga kirja läbi, käristas ta oma riided lõhki ja ütles: *„Kas mina olen Jumal, et ma võin surmata ja teha elavaks? Sest see läkitab minu juurde, et ma teeksin mehe pidalitõvest terveks. Kuid mõistke nüüd ja nähke, et ta otsib minuga tüli!"* (7. salm).

Kui Iisraeli prohvet Eliisa kuulis seda, läkitas ta kuningale ütlema: *„Miks sa oled oma riided lõhki käristanud? Tulgu ta ometi minu juurde, siis ta saab teada, et Iisraelis on prohvet!"* (8. salm) Kui Iisraeli kuningas saatis Naamani Eliisa kotta, ei kohtunud prohvet väepealikuga, vaid ütles hoopis sõnumitooja läbi: *„Mine ja pese ennast Jordanis seitse korda, siis paraneb su ihu ja sa saad puhtaks!"* (10. salm).

Kui piinlikkust tekitav võis see olla Naamani jaoks, kes oli läinud Eliisa kotta oma hobuste ja kaarikutega ja leidis saabudes, et prohvet ei tulnud teda tervitama ega temaga kohtuma? Väepealik vihastus. Ta arvas, et Iisraelist tugevama maa väepealiku külaskäigu korral oleks prohvet teda südamlikult tervitama ja tema peale käed panema pidanud. Selle asemel sai

Naaman prohveti külma vastuvõtu osaliseks ja talle öeldi, et ta peseks end jões, mis oli sama väike ja räpane nagu Jordani jõgi.

Naaman sai vihaseks ja mõtles, et ta läheb ära koju: *"Vaata, ma mõtlesin, et ta tuleb kindlasti ise välja mu juurde ja seisab siin ning hüüab Isanda, oma Jumala nime, viipab käega Tema asupaiga poole ja parandab nõnda pidalitõve. Eks ole Damaskuse jõed Abana ja Parpar paremad kui kõik Iisraeli veed? Kas ma nendes ei või ennast pesta ja puhtaks saada?* Ja ta pöördus ning läks ära vihasena" (11.-12. salm). Kui Naaman valmistus koju naasma, palus ta saatjaskond: *"Kui prohvet oleks nõudnud sinult midagi suurt, kas sa siis oleksid jätnud tegemata? Seda enam siis nüüd, kui ta sulle ütles: Pese ennast, siis sa saad puhtaks!"* (13. salm). Nad soovitasid oma peremehel Eliisa juhtnööride järgi toimida.

Mis juhtus kui Naaman kastis end Eliisa sõna peale seitse korda Jordani jõkke? Tema ihu paranes väikese poisi ihu sarnaseks ja ta sai puhtaks. Naaman sai täiesti terveks talle nii suurt meelehärmi valmistanud pidalitõvest. Kui Naaman kuuletus jumalamehe sõnale, tervenes ta täiesti inimese jaoks ravimatust haigusest ja väepealik andis tunnistust elava Jumala olemasolust ja tunnustas jumalameest Eliisat.

Pärast elava Jumala – pidalitõvest tervendava Jumala – väe kogemist naasis Naaman Eliisa juurde ja tunnistas talle: *"Siis ta läks tagasi jumalamehe juurde, tema ja kogu ta saatjaskond; ta tuli ja astus tema ette ning ütles: "Vaata, nüüd ma tean, et kogu maailmas ei ole Jumalat mujal kui ainult Iisraelis. Võta siis nüüd see tänuand oma sulase käest!"* Aga Eliisa vastas: „Nii tõesti kui elab Isand, kelle ees ma seisan, ma ei võta mitte." Ja Naaman käis temale peale, et ta võtaks, kuid ta keeldus. *Ja Naaman ütles; "Kui mitte, siis lase omati anda oma sulasele nii palju mulda," kui muulapaar jaksab kanda, sest su sulane ei taha enam ohverdada põletus- ja tapaohvreid muile jumalaile kui ainult Isandale!"* ja austas Jumalat (2. Kuningate raamat 5:15-17).

2. Naamani usk ja tegu

Vaatleme nüüd, missugune usk ja millised teod olid Naamanil, kes kohtus Tervendaja Jumalaga ja sai terveks ravimatust haigusest.

1) Naamani hea südametunnistus.

Mõned võtavad teiste sõnad valmilt vastu ja usuvad neisse, kuna aga teistel on taas kalduvus muudes inimestes kategooriliselt kahelda ja neid umbusaldada. Kuna Naamanil oli hea südametunnistus, ei ignoreerinud ta kaasinimeste sõnu, vaid võttis need lahkelt vastu. Ta oli valmis Iisraeli minema ja Eliisa juhtnööride kohaselt tegema ja tervenema, sest ta ei eiranud oma naise noore teenijatüdruku sõnu, vaid pööras neile tähelepanu. Kui see väike tüdruk, kes oli Iisraelimaalt vangina kaasa toodud, ütles Naamani naisele: *"Ah, kui mu isand ometi oleks selle prohveti juures, kes on Samaarias! Küll see teeks tema pidalitõvest terveks!"* (5. salm), Naaman uskus teda. Oletagem, et teie oleksite Naamani asemel. Mida oleksite teie teinud? Kas te oleksite teenijatüdruku sõnu täielikult aktsepteerinud? Hoolimata tänapäeva kaasaja arstiteaduse arengust, on palju haigusi, mille suhtes arstiteadus on kasutu. Kui teistele öelda, et Jumal tegi teid ravimatust haigusest terveks või te tervenesite pärast seda kui teie eest palvetati, kui paljud inimesed teie arvates teid usuksid? Naaman uskus noore tüdruku sõnu, küsis kuninga käest luba, läks Iisraeli ja sai pidalitõvest terveks. Teiste sõnadega, kuna Naamanil oli hea südametunnistus, võis ta vastu võtta noore tüdruku sõnad, kes kuulutas talle evangeeliumi ja nende sõnade järgi teha. Me peame ka aru saama, et kui meile kuulutatakse evangeeliumi, saame me oma probleemidele lahendused vaid siis kui me usume jutlustatut ja läheme Naamani moel Jumala juurde.

2) Naamani mõtted põrmustusid.

Kui Naaman läks oma kuninga abiga Iisraeli ja jõudis Eliisa kotta, võttis pidalitõbe ravida suutev prohvet teda külmalt vastu. Naaman vihastus ilmselgelt kui uskmatu Naamani silmis kuulsuse või ühiskondliku seisundita Eliisa ei tervitanud Aaramimaa kuninga ustavat sulast ja ütles Naamanile sõnumitooja läbi, et ta läheks peseks end seitse korda Jordani jões. Naaman läks raevu, sest Aaramimaa kuningas oli ta ise teele läkitanud. Pealegi, Eliisa ei pannud isegi oma kätt haige koha peale, vaid ütles selle asemel Naamanile, et ta saab puhtaks kui ta peseb end väikeses räpases Jordani jõesi.

Naaman vihastus Eliisa ja prohveti teo pärast, millest ta oma mõistusega aru ei saanud. Ta valmistus kojuminekuks ja mõtles, et tema maal oli palju muid suuri ja puhtaid jõgesid ja et ta saab puhtaks kui ta ükskõik millises neist end peseks. Sel hetkel õhutasid Naamani teenijad, et ta kuulaks Eliisa juhatust ja kastaks end Jordani jõkke.

Kuna Naamanil oli hea südametunnistus, ei teinud väepealik oma mõtete kohaselt, vaid otsustas selle asemel Eliisa juhatust kuulata ja läks Jordani äärde. Naamaniga võrdse ühiskondliku seisundiga inimeste seast ei oleks just paljud meelt parandanud ja kuuletunud oma kaaskondlaste ega teiste endast madalama positsiooniga inimeste õhutust.

Nii nagu kirjutatakse Jesaja 55:8-9: *„Aga minu mõtted ei ole teie mõtted, ja teie teed ei ole minu teed, ütleb Isand. Sest otsekui taevad on maast kõrgemalt, nõnda on minu teed kõrgemad kui teie teed, ja minu mõtted kõrgemad kui teie mõtted,"* kui me hoiame kinni inimlikest mõtetest ja teooriatest, ei saa me kuuletuda Jumala Sõnale. Meenutagem Jumalale sõnakuulmatu kuninga Sauli lõppu. Kui me rakendame inimlikke mõtteid ja ei tee Jumala tahet, on tegu sõnakuulmatusega ja kui me ei tunnista oma sõnakuulmatust, peame me meeles pidama, et Jumal hülgab meid ja pöörab meile selja nii nagu juhtus kuningas Sauliga.

1. Saamueli raamatus 15:22-23 on kirjas: *„Siis ütles Saamuel: „Ons Isandal sama hea meel põletus- ja tapaohvreist kui Isanda hääle kuuldavõtmisest? Vaata, sõnakuulmine on parem kui tapaohver, tähelepanu parem kui jäärade rasv. Sest vastupanu on otsekui nõiduse patt, tõrksus ebajumalate ja teeravite teenistus. Et sa oled hüljanud Isanda sõna, siis hülgab Temagi sinu kui kuninga.""* Naaman pidas aru ja otsustas oma

mõtted maatasa teha ja jumalamehe Eliisa juhatust järgida. Samamoodi peame me meeles pidama, et me südamesoovid võivad täituda vaid siis, kui me vabaneme oma sõnakuulmatust südamest ja muudame selle Jumala tahte kohaselt kuulekaks.

3) Naaman kuuletus prohveti sõnale.

Naaman läks Eliisa juhtnööre järgides Jordani jõele ja pesi end. Oli palju jõgesid, mis olid Jordanist laiemad ja puhtamad, kuid Eliisa korraldus Jordani äärde minna oli vaimse tähendusega. Jordani jõgi sümboliseerib pääsemist ja vesi sümboliseerib Jumala Sõna, mis puhastab inimeste pattu ja laseb neil pääsemisele jõuda (Johannese 4:14). Sellepärast tahtis Eliisa, et Naaman peseks end Jordani jões, mis viib pääsemisele. Hoolimata sellest, kui palju suuremad ja puhtamad muud jõed võivad olla, nad ei vii inimesi pääsemisele ja neil ei ole Jumalaga midagi ühist, seega neis vetes ei saa Jumala töö ilmsiks.

Nii nagu Jeesus ütleb Johannese 3:5: *„Tõesti, tõesti, ma ütlen sulle, kes ei sünni ülalt, ei või näha Jumala riiki,"* kui Naaman pesi end Jordani jões, avanes talle tee pattude andekssaamiseks ja pääsemiseks ja elava Jumalaga kohtumiseks.

Miks siis Naamanil käsiti seitse korda end vette kasta? Number „7" on täielik arv, mis tähistab täiust. Kui Eliisa andis Naamanile korralduse end seitse korda pesta, ütles ta väepealikule ka, et ta võtaks vastu andestuse oma pattude eest ja püsiks täielikult Jumala Sõnas. Üksnes siis teeb Jumal, kelle jaoks on kõik võimalik, ilmsiks tervendustöö ja tervendab inimese igast ravimatust haigusest.

Seega me saame aru, et Naaman tervenes prohveti sõna

kuulmise tõttu pidalitõvest, mille suhtes arstiteadus ja inimese võim ei suutnud midagi korda saata. Pühakirjas adresseeritakse seda selgelt: *„Sest Jumala Sõna on elav ja tõhus ja vahedam kui ükski kaheterane mõõk ning tungib läbi, kuni ta eraldab hinge ja vaimu, liigesed ja üdi, ning on südame meelsuse ja kaalutluste hindaja. Ja ükski loodu ei ole Tema ees nähtamatu, vaid kõik on alasti ja paljastatud Tema silma ees – Tema ees, kellele meil tuleb aru anda"* (Heebrealastele 4:12-13).

Naaman läks Jumalani, kelle jaoks ei ole midagi võimatut, lasi oma mõtetel minna, parandas meelt ja kuuletus Ta tahtele. Kui Naaman kastis end seitse korda Jordani jõkke, nägi Jumal ta usku, tervendas ta pidalitõvest ja Naamani ihu taastus ja muutus puhtaks nagu lapsel.

Jumal ütleb meile selge tunnistuse varal, mis tõendab, et pidalitõvest võis terveks saada vaid Tema väega, et kui me oleme oma usuga tegudes Talle meelepärased, võime me igast ravimatust haigusest terveneda.

3. Naaman austab Jumalat

Pärast seda kui Naaman sai pidalitõvest terveks, tuli ta Eliisa juurde tagasi ja tunnistas: „Vaata, nüüd ma tean, et kogu maailmas ei ole Jumalat mujal kui ainult Iisraelis (2 Kuningate raamat 5:15) ... sest su sulane ei taha enam ohverdada põletus- ja tapaohvreid muile jumalaile kui ainult Isandale!" (17. salm) ja austas Jumalat.

Luuka 17:11-19 kirjeldatakse sündmust, kus kümme

pidalitõbist kohtuvad Jeesusega ja saavad terveks. Aga vaid üks nende seast tuli Jeesuse juurde tagasi ja kiitis Jumalat kõva häälega ning viskus Jeesuse jalge ette, Teda tänades. Jeesus küsis mehelt 17.-18. salmis: *"Eks kümme ole saanud puhtaks? Kus on need üheksa? Kas muid ei ole leidunud, kes oleksid tulnud tagasi Jumalat ülistades, kui vaid see muulane?"* Järgmises, 19. salmis, ütles Ta mehele: *"Tõuse üles ja mine, sinu usk on su päästnud!"* Kui me saame Jumala väe läbi terveks, ei pea me vaid Jumalat austama ja Jeesust Kristust vastu võtma ning päästetud saama, vaid meil tuleb ka Jumala Sõna alusel elada.

Naamanil oli niisugune usk tegudes, millega ta sai tol ajal ravimatust haigusest – pidalitõvest – terveks. Tal oli hea südametunnistus ja ta uskus noore, vangivõetud teenijatüdruku sõnu. Tal oli niisugune usk, millega ta valmistas prohveti külastamiseks väärtusliku kingituse. Ta ilmutas sõnakuulelikkuse tegu, isegi kui prohvet Eliisalt saadud juhtnöörid ei ühtinud tema enda mõtetega.

Naamanil, kes oli pagan, oli ravimatu haigus, aga ta kohtus selle haiguse läbi elava Jumalaga ja koges tervendustööd. Igaüks, kes tuleb kõigeväelise Jumala ette ja näitab oma usku tegudes, saab vastuse igale oma oma probleemile, hoolimata nende raskusastmest.

Ma palun meie Isanda nimel, et teil võiks olla kallihinnaline usk ja et te võiksite oma usku tegudes näidata ja kõigile eluprobleemidele vastused saada ning et teist võiks saada Jumalale au andev õnnistatud püha inimene.

Autor:
Dr Jaerock Lee

Dr Jaerock Lee sündis 1943. aastal Muanis, Jeonnami provintsis, Korea Vabariigis. Kahekümnesena oli Dr Lee mitmete ravimatute haiguste tõttu seitse aastat haige ja ootas surma ilma paranemislootuseta. Kuid õde viis ta ühel 1974. aasta kevadpäeval kogudusse ja kui ta põlvitas, et palvetada, tervendas elav Jumal ta kohe kõigist haigustest.

Hetkest kui Dr Lee kohtus selle imelise kogemuse kaudu elava Jumalaga, on ta Jumalat kogu südamest siiralt armastanud ja Jumal kutsus ta 1978. aastal end teenima. Ta palvetas tuliselt, et ta võiks Jumala tahet selgelt mõista ja seda täielikult teha ning kuuletuda kogu Jumala Sõnale. 1982. aastal asutas ta Manmini koguduse Seoulis, Lõuna-Koreas ja tema koguduses on aset leidnud arvukad Jumala teod, kaasa arvatud imepärased tervenemised ja imed.

1986. aastal ordineeriti Dr Lee Korea Jeesuse Sungkyuli koguduse aastaassambleel pastoriks ja neli aastat hiljem – 1990. aastal, hakati tema jutlusi edastama Austraalia, Venemaa, Filipiinide ülekannetes ja paljudes muudes kohtades Kaug-Ida ringhäälingukompanii, Aasia ringhäälingujaama ja Washingtoni kristliku raadiosüsteemi vahendusel.

Kolm aastat hiljem, 1993. aastal, valis *Christian World (Kristliku maailma)* ajakiri (USA) Manmini Keskkoguduse üheks „Maailma 50 tähtsamast kogudusest" ja Christian Faith College *(Kristlik Usukolledž)*, Floridas, USA-s andis talle Teoloogia audoktori tiitli ja 1996. aastal sai ta Ph.D. teenistusalase kraadi Kingsway Teoloogiaseminarist Iowas, USA-s.

1993. aastast alates on Dr Lee juhtinud maailma misjonitööd, viies läbi palju välismaiseid krusaade Tansaanias, Argentinas, L.A.-s, Baltimore City's, Havail ja New York City's USA-s, Ugandas, Jaapanis, Pakistanis, Kenyas, Filipiinidel, Hondurasel, Indias, Venemaal, Saksamaal, Peruus, Kongo Rahvavabariigis, Iisraelis ja Eestis.

2002. aastal kutsuti teda Korea peamistes kristlikes ajalehtedes tema väelise teenistuse tõttu erinevatel väliskoosolekusarjadel „ülemaailmseks äratusjutlustajaks". Ta kuulutas julgelt, et Jeesus Kristus on Messias ja Päästja eriti „New Yorki 2006. aasta koosolekusarja" käigus, mis toimus maailma kuulsaimal laval Madison Square Gardenis ja mida edastati 220 riiki ja Jeruusalemma rahvusvahelises koosolekukeskuses toimunud „2009. aasta Iisraeli ühendkoosolekute sarja" käigus.

Tema jutlusi edastatakse 176 riiki satelliitide kaudu, kaasa arvatud GCN TV ja ta kuulus Venemaa populaarse kristliku ajakirja In Victory *(Võidukas)* ja uudisteagentuuri Christian Telegraph *(Kristlik Telegraaf)* sõnul 2009. ja 2010. aastal oma vägeva teleedastusteenistuse ja välismaiste koguduste pastoriks olemise tõttu kümne kõige mõjukama kristliku juhi sekka.

2017. aasta Juunis alates koosneb Manmini Keskkogudus rohkem kui 120 000 liikmest. Kogudusel on 11000 sisemaist ja välismaist harukogudust, mille hulka kuuluvad 56 kodumaist harukogudust ja praeguseni on sealt välja lähetatud rohkem kui 102 misjonäri 23 maale, kaasa arvatud Ameerika Ühendriigid, Venemaa, Saksamaa, Kanada, Jaapan, Hiina, Prantsusmaa, India, Kenya ja paljud muud maad.

Tänaseni on Dr Lee kirjutanud 108 raamatut, kaasa arvatud bestsellerid *Maitsedes Igavest elu Enne Surma, Minu Elu, Minu Usk I ja II osa, Risti Sõnum, Usu Mõõt, Taevas I ja II* osa, *Põrgu, Ärka Iisrael!* ja *Jumala Vägi* ja tema teosed on tõlgitud enam kui 76 keelde.

Tema kristlikud veerud ilmuvad väljaannetes *The Hankook Ilbo, The JoongAng Daily, The Chosun Ilbo, The Dong-A Ilbo, The Seoul Shinmun, The Hankyoreh Shinmun, The Kyunghyang Shinmun, The Korea Economic Daily, The Shisa News* ja *The Christian Press.*

Dr Lee on praegu mitme misjoniorganisatsiooni ja -ühingu asutaja ja president, kaasa arvatud *Jeesus Kristus Ühendatud Pühaduse Koguduse* (The United Holiness Church of Jesus Christ) esimees; *Ülemaailmse Kristliku Äratusmisjoni Liidu* (The World Christianity Revival Mission Association) asutaja; *Ülemaailmse Kristliku Võrgu CGN* (Global Christian Network GCN) asutaja ja juhatuse esimees; *Ülemaailmse Kristlike Arstide Võrgu WCDN* (The World Christian Doctors Network WCDN) asutaja ja juhatuse esimees; *Manmini Rahvusvahelise Seminari MIS* (Manmin International Seminary MIS) asutaja ja juhatuse esimees.

Teised kaalukad teosed samalt autorilt

Taevas I & II

Üksikasjalik ülevaade taevakodanike toredast elukeskkonnast keset Jumala au ja taevariigi eri tasemete ilus kirjeldus.

Risti Sõnum

Võimas äratussõnum kõigile, kes on vaimses unes! Sellest raamatust leiate te põhjuse, miks Jeesus on ainus Päästja ja tõeline Jumala armastus.

Põrgu

Tõsine sõnum kogu inimkonnale Jumalalt, kes soovib, et ükski hing ei sattuks põrgu sügavustesse! Te leiate mitte kunagi varem ilmutatud ülevaate surmavalla ja põrgu julmast tegelikkusest.

Vaim, Hing ja Ihu I & II

Teatmik, kust saab vaimse arusaama vaimu, hinge ja ihu kohta ja mis aitab meil avastada oma „mina", milleks meid tehti, et me saaksime pimeduse võitmiseks väe ja muutuksime vaimseks inimeseks.

Usumõõt

Missugune elukoht, aukroon ja tasu on sulle Taevas valmistatud? Sellest raamatust saab tarkust ja juhatust usu mõõtmiseks ja parima ning kõige küpsema usu arendamiseks.

Ärka, Iisrael

Miks on Jumal pidanud Iisraeli maailma algusest kuni tänapäevani silmas? Missugune Jumala ettehoole on lõpuajaks valmistatud Iisraelile, kes ootab Messiase tulekut?

Minu Elu ja Mu Usk I & II

Kõige hõrgum vaimne lõhn, mis tuleb Jumala armastusega õilmitsevast elust keset süngeid laineid, külma iket ja sügavaimat meeleheidet.

Jumala Vägi

Kohustuslik kirjandus, mis on vajalik juhis tõelise usu omamiseks ja Jumala imelise väe kogemiseks.

www.urimbooks.com

www.ingramcontent.com/pod-product-compliance
Lightning Source LLC
LaVergne TN
LVHW041711060526
838201LV00043B/674